Michael Bianchi

# Kommunikative Kompetenz und Teilhabe
Der Computer als Hilfsmittel zur Erweiterung dieser Kompetenz bei Menschen mit Handicap

Diplomica® Verlag GmbH

**Bianchi, Michael: Kommunikative Kompetenz und Teilhabe: Der Computer als Hilfsmittel zur Erweiterung dieser Kompetenz bei Menschen mit Handicap, Hamburg, Diplomica Verlag GmbH 2012**

ISBN: 978-3-8428-8898-2
Druck: Diplomica® Verlag GmbH, Hamburg, 2012

**Bibliografische Information der Deutschen Nationalbibliothek:**
Die Deutsche Nationalbibliothek verzeichnet diese Publikation in der Deutschen Nationalbibliografie; detaillierte bibliografische Daten sind im Internet über http://dnb.d-nb.de abrufbar.

Die digitale Ausgabe (eBook-Ausgabe) dieses Titels trägt die ISBN 978-3-8428-3898-7 und kann über den Handel oder den Verlag bezogen werden.

# Inhaltsverzeichnis

| | | |
|---|---|---|
| **1.0** | **Einleitung** | **7** |
| **2.0** | **Körperbehinderung und Kommunikation** | **9** |
| 2.1 | Begriffsklärung | 9 |
| 2.2 | Auswirkung auf einzelne Entwicklungsbereiche | 12 |
| 2.2.1 | Sprache und Sprechen | 12 |
| 2.2.2 | Motorik | 13 |
| 2.2.3 | Kognition | 14 |
| **3.0** | **Computer als Lehr- und Lernmittel für körperbehinderte Kinder und Jugendliche** | **17** |
| 3.1 | Entwicklungen in den einzelnen sonderpädagogischen Fachrichtungen | 17 |
| 3.2 | Einbeziehung in die didaktisch-methodische Planung des Unterrichts | 18 |
| 3.3 | Möglichkeiten und Grenzen | 19 |
| 3.3.1 | Kommunikation | 20 |
| 3.3.2 | Lernen | 21 |
| 3.4 | Einsatzgebiete | 24 |
| 3.4.1 | Der Computer als Schreibhilfe | 24 |
| 3.4.2 | Therapeutische Einsatzmöglichkeiten des Computers | 26 |
| 3.4.3 | Der Computer als Instrument zur Eröffnung von Teilhabechancen | 27 |
| 3.4.4 | Sonstige Einsatzbereiche | 28 |
| 3.5 | Rahmenbedingungen | 29 |
| 3.5.1 | Schüler | 29 |
| 3.5.2 | Lehrer | 32 |
| 3.5.3 | Ergonomie des Arbeitsplatzes | 33 |
| 3.6 | Lernsoftware | 34 |
| **4.0** | **Alternative Computersteuerung mit Hilfsmitteln** | **37** |
| 4.1 | Adaptionen | 37 |
| 4.1.1 | Tastaturadaptionen | 37 |
| 4.1.2 | Mausadaptionen | 39 |
| 4.1.3 | Sensoren und Schalter | 40 |
| 4.2 | Programme zur Kompensation einer Beeinträchtigung | 42 |
| 4.3 | Hilfsmitteleinführung und -versorgung | 45 |
| 4.4 | Interview mit Cedric | 47 |

**5.0 Computereinsatz im Bereich der Unterstützten Kommunikation** ........................ **53**

5.1     Einfache Kommunikationshilfen ........................................................................... 54

5.2     Komplexe Kommunikationshilfen: Talker ............................................................ 57

5.3     Möglichkeiten und Grenzen des Talkereinsatzes ................................................. 60

**6.0 Brieffreundeportal *postrohr.de*** ................................................................... **65**

6.1     Kommunikation im Web ........................................................................................ 65

6.2     Konzeption und Zielsetzung des Projektes *postrohr.de* ................................... 67

6.3     Durchführung ........................................................................................................ 69

      6.3.1     Planung und Gestaltung der Internetseite .......................................... 69

      6.3.2     Testphase ............................................................................................ 73

      6.3.3     Mitgliederwerbung ............................................................................ 74

6.4     Erste Erfahrungen mit *postrohr* und Erwartungen für die Zukunft .................. 75

**7.0 Fazit** ................................................................................................................. **77**

**8.0 Quellenangaben** ............................................................................................ **81**

# 1.0 Einleitung

*Anmerkung: Aus Gründen der besseren Lesbarkeit wird in der vorliegenden Untersuchung das generische Maskulinum verwendet. Selbstverständlich sind weibliche Personen immer mitgemeint. Der Begriff „Eltern" bezieht auch Erziehungsberechtigte sowie Betreuer mit ein.*

Medien nehmen in unserer heutigen Gesellschaft unbestritten einen großen Stellenwert ein. Sie beeinflussen nicht nur das Leben von Erwachsenen, sondern auch das von Kindern und Jugendlichen in hohem Maße. Der Computer hat sich inzwischen zu einem der wichtigsten Massenmedien entwickelt und ist bei Kindern und Jugendlichen omnipräsent (vgl. LUTZ. In: MICHAELIS 2006, 15). Wie eine aktuelle Shell Jugendstudie zeigt, besitzt der PC selbst in der Freizeitgestaltung einen hohen Stellenwert. Da den meisten Jugendlichen der Umgang mit dem PC Freude bereitet, verbringen sie zunehmend mehr Zeit damit, teilweise sogar mehr als mit ihren Eltern (vgl. SCHELHOWE 2007, 16).

Angesichts dieser Entwicklung ist es selbstverständlich, dass der Computer auch Einzug in die Schule gefunden hat. In der Schule für Körperbehinderte, in der sich der Computer in den letzten Jahren zu einem multivalenten und lerneffektiven Hilfsmittel entwickelte, ergeben sich nach den Leitlinien zur schulischen Förderung für körperbehinderte Schüler zahlreiche neue Möglichkeiten, sich mit der Umwelt auseinanderzusetzen: „Kreative Ausdrucksmöglichkeiten in vielerlei Hinsicht, Kommunikations- und Recherchemöglichkeiten in einer vernetzten Welt, das Entwickeln von Verantwortlichkeit für den eigenen Lernprozess durch Programme, die besondere pädagogische Kriterien und softwareergonomische Richtlinien erfüllen, geeignete Computerspiele - in all diesen Dingen liegen neue Chancen und Herausforderungen für einen modernen Unterricht bei Schülerinnen und Schülern mit einer Körperbehinderung." (Ministerium für Kultus, Jugend und Sport 2004, S.21)

Auch in anderen Schularten ist die Arbeit mit und am Computer in den Bildungsplan integriert. Beim Einsatz des Computers an der Schule für Körperbehinderte steht jedoch die Kompensation von Folgen bzw. Auswirkungen der Behinderung des einzelnen Schülers im Vordergrund, weil damit dem bewegungs- und gegebenenfalls spracheingeschränkten Kind mehr Kommunikations- und Handlungsmöglichkeiten zur Verfügung stehen (vgl. HUBER 1990, 1). Dadurch wird dem Schüler letztendlich der Aufbau einer interaktiven Beziehung zu seiner Umwelt erleichtert.

Zu Beginn meiner Arbeit werden zunächst zentrale Begriffe definiert und aufgezeigt, welche Auswirkungen eine Körperbehinderung auf verschiedene Entwicklungsbereiche (Sprache,

7

Motorik, Kognition) haben kann. Im darauffolgenden Kapitel werden Möglichkeiten und Grenzen des Computers als Lehr- und Lernmittel für körperbehinderte Schüler erörtert. Außerdem werden einzelne Einsatzgebiete und die nötigen Rahmenbedingungen zur Förderung von körperbehinderten Schülern mit dem PC aufgezeigt. Ein weiterer Punkt ist ein Diskurs über die didaktisch-methodische Eignung und die Einsatzmöglichkeiten von Lernsoftware. Im Anschluss daran wird dargelegt, wie auch körperbehinderte Kinder und Jugendliche mithilfe von speziellen Adaptionen sowie der passenden Software den Computer effektiv bedienen können. Ein Interview mit einem körperbehinderten Schüler, der zum Thema „Alternative Computersteuerung" aus eigener Erfahrung berichten kann, verdeutlicht diesen Teil meiner Arbeit. Die Bedeutung des Computers als besonders geeignetes Medium zur Förderung der Kommunikation im weiten Bereich der Unterstützten Kommunikation wird anschließend genauer thematisiert. In Kapitel 6.0 erfolgt eine detaillierte Beschreibung des praktischen Teils meiner Arbeit: Um die Möglichkeiten des Computers zur Erweiterung der Kommunikationsfähigkeit körperbehinderter Schüler nicht nur theoretisch zu erörtern, entwickelte ich die Idee in Form des Brieffreundeportals *postrohr* weiter und erprobte diese Kommunikationsmöglichkeit auch in der Praxis. Die Internetseite *postrohr.de* hilft durch ihre weitgehend barrierefreie Konzeption, Menschen mit einer (Körper-)behinderung, über das Internet kommunikative Kontakte aufzubauen und zu pflegen. Damit leistet *postrohr.de* einen wichtigen Beitrag zur sozialen Teilhabe gemäß der UN-Konvention über die Rechte der Menschen mit Behinderung (vgl. SCHUMANN 2009).

## 2.0 Körperbehinderung und Kommunikation

### 2.1 Begriffsklärung

Bei dem Versuch, den Begriff Körperbehinderung zu definieren, findet man in der Literatur zahlreiche verschiedene Definitionen, die sich dem Begriff von verschiedenen Seiten nähern. Eine eindeutige Begriffsbestimmung ist schwer zu formulieren, da es sich bei Menschen mit einer Körperbehinderung um eine extrem heterogene Gruppe handelt. LEYENDECKER (2000, 22) bezeichnet als körperbehinderte Menschen all jene, „die infolge einer Schädigung des Stütz- und Bewegungssystems, einer anderen organischen Schädigung oder chronischer Krankheit so in ihren Verhaltensmöglichkeiten beeinträchtigt sind, dass die Selbstverwirklichung in sozialer Integration erschwert ist." Zur weiteren Annäherung an den Begriff ordnet LEYENDECKER (1999, 154f) die häufigsten Erscheinungsformen und Ursachen von Körperbehinderung in drei Kategorien:

- Schädigungen des Zentralennervensystems
    - infantile Zerebralparese (abnormer Muskeltonus und gestörte Koordination von Bewegungsabläufen)
    - cerebrale Bewegungsstörungen (infolge Verletzung oder Erkrankung)
    - Querschnittslähmung (infolge Verletzung oder angeborener Schädigung)
    - spinale Kinderlähmung
- Schädigungen des Skelett- und Muskelsystems
    - progressive Muskeldystrophie
    - Dysmelien, Amputationen
    - Schädigung des Skelettsystems, Fehlstellung der Wirbelsäule, „Kleinwüchsigkeit"[1]
    - Chronische Krankheiten und Organfehlfunktionen
    - andere körperliche Behinderungen durch chronische Erkrankungen, Fehlfunktion von Organen

---

[1] Als kritische Anmerkung halte ich es an dieser Stelle für angebracht, zu erwähnen, dass der Begriff „Kleinwüchsigkeit" eine Diskriminierung darstellt, ähnlich dem Ausdruck „Mongoloismus" bei Geistigbehinderten und im Sinne der UN-Konvention über die Rechte von Menschen mit Behinderungen (Art. 24) nicht mehr verwendet werden sollte.

Der Begriff Körperbehinderung ist also nur ein Oberbegriff für sämtliche Erscheinungsformen einer körperlichen Beeinträchtigung. Eine klare und eindeutige Definition scheint jedoch aufgrund der Vielschichtigkeit der Materie nicht möglich. Auf internationaler Ebene nähert sich die Weltgesundheitsorganisation (WHO) dem Begriff der Behinderung mit drei zentralen Begrifflichkeiten (vgl. HOJAS 2004). Der Ausdruck *impairment* (Schädigung) beschreibt den Mangel oder Abnormitäten der anatomischen oder physiologischen Funktion und Struktur des Körpers. *Disability* (Beeinträchtigung) meint Funktionsbeeinträchtigungen oder -mängel aufgrund von Schädigungen, die das Handeln in typischen Alltagssituationen behindern oder unmöglich machen. Schließlich gibt es noch den Begriff *handicap* (Behinderung). Darunter versteht man die aufgrund einer Schädigung oder Beeinträchtigung entstehenden Nachteile, die einem betroffenen Menschen die soziale und berufliche Teilhabe erschweren.

Die Erscheinungsformen von Körperbehinderungen sind sehr vielseitig. Ein Großteil der Schülerschaft (58%) an der Schule für Körperbehinderte (BUNGART. In: STADLER 2000,90) sind Kinder und Jugendliche mit einer infantilen Cerebralparese, weshalb ich an dieser Stelle diese Art von Behinderung besonders thematisieren möchte. Unter einer infantilen Cerebralparese versteht man eine „nicht-progressive, frühkindliche (in den ersten zwei Lebensjahren erworbene) Hirnschädigung, die zur Störung der bewegungssteuernden Systeme in kortikalen und subkortikalen Zentren des Gehirns führt." (ZINK 1990, 697 in Thiele Buch). Je nach Erscheinungsform der ICP (spastische Parese, athetotische oder ataktische Syndrome) kann neben der Bewegungsorganisation auch die Sprechmotorik des Betroffenen gestört sein (vgl. THIELE 2007, 32f). Auch diese Personengruppe erhält durch den Einsatz des Computers, wie in dieser Arbeit beschrieben wird, neue Handlungs- und Kommunikationsmöglichkeiten, worauf ich im späteren Verlauf genauer eingehen werde.

Nicht nur eine ICP, sondern auch andere Erscheinungsformen einer Körperbehinderung können die Kommunikationsfähigkeit des Betroffenen einschränken. Da der Begriff der Kommunikation in meiner Arbeit eine zentrale Bedeutung einnimmt, werde ich diesen genauer erarbeiten. Je nachdem, welchen Aspekt oder welche Zielrichtung ein Autor bei der genauen Beschreibung des Begriffs „Kommunikation" verwendet, ändert sich das Verständnis des Kommunikationsbegriffs. Eine klassische Kommunikationsdefinition von LEWANDOWSKI (1979, 321) definiert Kommunikation als „zwischenmenschliche Verständigung, intentional gesteuerte Mitteilung oder Gemeinsammachen von Informationen mithilfe von Signalen und Zeichensystemen." Anhand der Definition wird der dialogartige Charakter von Kommunikation (d.h. mindestens zwei Personen) verdeutlicht. Die zu übertragenden Informationen können lautsprachlich (z.B. Sprache), schriftsprachlich (z.B. Schrift), mimisch (z.B. Lachen), gestisch (z.B. Gebärdensprache) oder durch andere Körperbewegungen (z.B. Spontanreaktionen; Überstrecken bei Ablehnung oder Begeisterung) verdeutlicht werden. Bevor die Information übertragen wird, wird diese vom Sender verschlüsselt (z.B. in Sprache, Schrift, Mimik, Gestik). So verschlüsselt wird die Botschaft an den Empfänger gesendet. Die Entschlüsselung und die Entnahme der Information geschieht dann beim Empfänger (vgl. FRÖHLICH 2005, 104).

Hat der Empfänger die Nachricht erhalten, erzeugt sie bei ihm eine Wirkung und es erfolgt in der Regel eine Rückmeldung. Der Empfänger wird zum Sender. Während eines Gespräches ändern sich die Rollen desjenigen, der Information überträgt (Sender) und desjenigen, der diese empfängt (Empfänger) mehrmals (LEWANDOWSKI 1979, 321). Eine Kommunikation verläuft dann erfolgreich, wenn die zu übermittelnde Information richtig codiert, weitgehend störungsfrei übertragen wird und vom Empfänger wahrgenommen und entschlüsselt werden kann. Diesen grundlegenden Kommunikationsprozess haben KOTLER/BLIEMEL in ein Modell zusammengefasst:

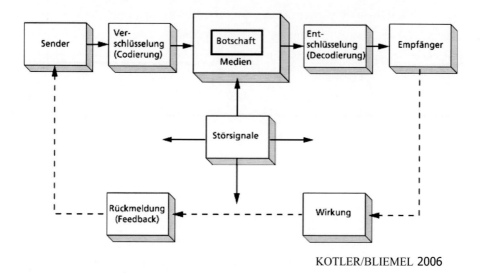

KOTLER/BLIEMEL 2006

Die Entwicklung verschiedenster Persönlichkeitsbereiche hängt eng mit Kommunikation zusammen. Für LORMES (1989, 218) gilt die Fähigkeit zur Kommunikation als „unabdingbare Voraussetzung für die Entwicklung jedes Menschen."

## 2.2 Auswirkung auf einzelne Entwicklungsbereiche

An der Schule für Körperbehinderte findet sich eine sehr heterogene Gruppe von Schülern, die Defizite in unterschiedlichsten Entwicklungsbereichen aufweisen. Die Wesentlichen werde ich nun hier aufzeigen und im weiteren Verlauf der Arbeit einige Möglichkeiten erläutern, wie der Computer dabei helfen kann, behinderungsspezifische Defizite zu kompensieren. Offensichtlich wird, dass sich die einzelnen Entwicklungsbereiche gegenseitig beeinflussen und ihre Grenzen fließend sind.

### 2.2.1 Sprache und Sprechen

Schon in der frühen Kindheit zeigen sich bei vielen körperbehinderten Kindern Schwierigkeiten bei der Entwicklung der Lautsprache. Kinder mit einer Cerebralparese verfügen oft nicht über die nötige Kopfkontrolle, sie können den Kopf nicht so drehen, dass sie ihren Gesprächspartner anschauen können. Diese Kinder können die Blickrichtung nur schwer kontrollieren und deshalb auch nicht den Blick bewusst dazu einsetzen, um mit dem Objekt des Interesses in Kontakt zu treten. Cerebral geschädigten Kindern fällt es aus diesem Grund schwer, ein Gespräch zu beginnen und das Thema des Dialoges zu wählen (vgl. SARIMSKI 1986, 51). Bei tiefgreifenden neurologischen Störungen fehlt die Kontrolle über Mimik und/oder Gestik. Auch andere sprachliche Ausdrucksformen sind nicht so verfügbar, dass sich die Kinder ihrer Umwelt mitteilen können. Gespräche scheitern oft daran, dass die Gesprächspartner nicht nur damit überfordert sind, die Bedürfnisse und Befindlichkeiten des Kindes wahrzunehmen, sondern die eventuell schwer zu dekodierenden lautsprachlichen Mitteilungen zu verstehen. Aus diesen verständlichen Gründen scheuen sich viele potentielle Gesprächspartner, mit diesen Menschen in Kommunikation zu treten.

Cerebral geschädigte Kinder sind häufig sprechgestört, da Sprechen ein sehr differenzierter motorischer Akt ist. Bei sprechbehinderten Kindern mit cerebralen Bewegungsstörungen ist die Muskulatur der Sprechorgane (Kiefer, Zunge, Lippen, Gaumen) durch die Fehlfunktion im Bereich des Tonus und der Koordination beeinträchtigt. Häufig handelt es sich dabei um eine Dysarthrie, eine aufgrund von Erkrankung oder Verletzung bedingte Störung des cerebralen Sprachzentrums. Laute werden dabei falsch gebildet, ausgelassen oder durch andere ersetzt. Auch der Sprechrhythmus und die Stimmgebung sind gestört (vgl. CRICKMAY 1976, 8).

THIELE (2007, 34) nennt verschiedene Auswirkungen der infantilen Cerebralparese, die sich auf das Sprechen negativ auswirken. Haben Muskelgruppen, die für das Sprechen beansprucht werden, einen spastischen Bewegungsanteil, zeigt sich das beim Kind in einer hypertonen Artikulationsmuskulatur, verstärkter Salivation durch den fehlenden Mundschluss oder einem Opisthotonus. CRICKMAY (1976, 8) nennt als mögliche Folge eine explosiv gepresste Artikulation mit langen Sprechpausen. Unregelmäßige zuckende Bewegungen der Sprechmuskulatur oder eine wurmförmige Bewegung der Zunge sind dagegen Auswirkungen einer athetotischen Störung. Zuletzt nennt THIELE eine Hypotonie von Lippen und Zunge als Folge eines ataktischen Bewegungsanteils der Sprechmotorik auf die Artikulationsorgane. Dies führt zu einer eher verwaschenen Sprache mit mangelndem Rhythmus.

Eine eingeschränkte Sprechfähigkeit führt häufig gleichzeitig auch zu Defiziten in anderen Entwicklungsbereichen.

BROWN (1990, 69) spricht von einer „Kommunikationsbehinderung", die als Folge der Körperbehinderung auftreten kann. Dabei kann sich der Betroffene nicht lautsprachlich mitteilen oder eigene Wünsche und Gefühle nur schwer ausdrücken. Aus dieser Mitteilungsnot heraus ist er immer auf andere Menschen angewiesen. Körperbehinderte Menschen sind deswegen auch im besonderen Maße der Gefahr der Isolation ausgesetzt. Sprachbeeinträchtigte Personen nehmen Kommunikation häufig als schwierig und unangenehm wahr, woran eine Kommunikation im Vorfeld scheitern kann. Aber auch mit grundlegender Kommunikationsbereitschaft, d.h. wenn die passive Sprache voll ausgebildet ist, können die Einschränkungen im sprachlichen Bereich den Betroffenen weiter in die Isolation führen.

### 2.2.2 Motorik

Eine Körperbehinderung beeinträchtigt die Motorik eines Kindes auf verschiedenste Art und Weise. Abhängig von den Schädigungsursachen findet man eine Vielzahl von Beeinträchtigungen und Schweregraden und ihrer Erscheinungsformen. Bei einer ICP sind aufgrund einer Hirnschädigung einzelne oder mehrere Körperteile in ihrer Bewegungsfähigkeit eingeschränkt (vgl. STÖRMER 1993, 72). Als Folge einer cerebralen Fehlsteuerung der Motorik wäre hier ein abnormer Muskeltonus zu nennen. Ist dieser hyperton, also bei einer vorliegenden Spastik, ist das Wechselspiel von Agonist und Antagonist beeinträchtigt, was Auswirkungen auf die Willkürmotorik hat. Ist dazu auch noch die Feinmotorik eingeschränkt, was oft zu beobachten ist, wirkt sich das in nahezu allen Lebensbereichen negativ aus. (Essen, Schreiben etc.) (vgl. THIELE 2007, 33). Ist der athetotische Bewegungsanteil zu hoch, haben Betroffene einen wechselnden Muskeltonus, was sich in einer Bewegungsunruhe, unwillkürlichen, dystonen oder choreatischen Bewegungen ausdrückt. Bei einem hypotonen Muskeltonus leiden Betroffene an

Gleichgewichts- und Koordinationsstörungen und mangelnder Kontrolle der Muskulatur der Extremitäten. Häufig beobachtet man auch einen Intentionstremor und fahrige oder eckige, scheinbar unkontrollierte Bewegungen. Die dadurch bedingte eingeschränkte Mobilität hat zur Folge, dass körperbehinderte Menschen oft auf Hilfsmittel zur Unterstützung der Motorik angewiesen sind.

### 2.2.3 Kognition

Kinder mit cerebralen Störungen sind in der Aufnahme und Verarbeitung von Reizen und der Möglichkeit, auf diese zu reagieren, häufig beeinträchtigt. Dies hat verschiedene Einflüsse auf die sensomotorische und kognitive Entwicklung (vgl. HUBER 1990, 13). Viele Erfahrungen, die für nicht behinderte Kinder selbstverständlich sind, bleiben ihnen verwehrt, wodurch ihre Erfahrungs- und Handlungsräume eingeschränkt werden.

Eine neurologische Schädigung im Gehirn führt in vielen Fällen zu einer mentalen Entwicklungsretardierung (vgl. SARIMSKI 1986, 49). HEUBROCK (2000, 175ff) zeigt Störungen der Wahrnehmung, des kognitiven Tempos, der Konzentrationsfähigkeit, der Aufmerksamkeit, des Gedächtnis und des Problemlösens als zusätzliche mögliche Auswirkungen einer Körperbehinderung auf die Kognition auf.

Nach einem modernen Verständnis von Wahrnehmungsstörungen steht nicht der Defekt im Vordergrund, sondern vielmehr seine störenden Auswirkungen auf die Handlungskompetenz der Kinder, genauer gesagt im Bereich der Kommunikation und Interaktion mit dem sozialem Umfeld (vgl. FRÖHLICH 2005, 52). Durch eingeschränkte Wahrnehmungsmöglichkeiten wird der Aufbau des Gedächtnisses bei körperbehinderten Kindern verlangsamt. Zusätzlich wird die Wahrnehmung durch die eingeschränkte Bewegungsfähigkeit, und daraus häufig resultierende Mängel an Erfahrungs- und Erprobungsfeldern, eingegrenzt. Ohne Kopfkontrolle kann man nicht gezielt in bestimmte Richtungen blicken und den Raum „räumlich" wahrnehmen und die Arme gezielt ausstrecken, um einen Gegenstand zu greifen. „Ihre Möglichkeiten, durch den Einsatz von sensomotorischen Schemata ihre Umgebung zu explorieren, sind beschränkt" (SARIMSKI 1986, 50). Daraus ergeben sich für die Betroffenen veränderte (eingeschränkte) Erfahrungsmöglichkeiten bedingt durch körperliche Grenzen und eine verringerte Aufnahmekapazität von Sinnesreizen.

FRÖHLICH (2005, 54) weist deshalb darauf hin, dass die Schwierigkeiten der Kinder mit einer ICP viel mehr im Bewegungs- und Wahrnehmungsbereich liegen. Eine eingeschränkte Wahrnehmung muss seiner Meinung nach immer in Zusammenhang mit einer Intelligenzminderung gebracht werden. Beide bedingen sich wechselseitig. Eine deutliche

Intelligenzminderung wirkt sich also auch auf die Wahrnehmungsleistung aus. Viele Kinder mit einer Körperbehinderung besitzen die kognitiven Voraussetzungen zum Erlernen der Kulturtechniken. Ein Teil dieser Kinder weist jedoch auch eine geistige Behinderung auf. Ein zunehmender Anteil der Kinder mit einer Körperbehinderung kann sich auch nicht verbal äußern.

Körperbehinderte Kinder ohne Hirnschädigung zeigen dagegen in der Regel keine Defizite in der Intelligenz im Vergleich zu nichtbehinderten Kindern (vgl. HUBER 1990, 59). Die Leistungen des Kurzzeitgedächtnisses der Kinder mit ICP liegen unter dem Durchschnitt (vgl. REICHERT 2003, 49). Ihnen fällt es oft schwer, Informationen aus der Umwelt wahrzunehmen. Bei 50% der Kinder mit ICP zeigt sich eine Intelligenzminderung im Sinne einer geistigen Behinderung, jeweils 25% im Sinne einer Lernbehinderung bzw. durchschnittlicher Intelligenz (vgl. ebd., 50).

## 3.0 Computer als Lehr- und Lernmittel für körperbehinderte Kinder und Jugendliche

### 3.1 Entwicklungen in den einzelnen sonderpädagogischen Fachrichtungen

Bereits vor ca. 24 Jahren waren in der Schule für Körperbehinderte die ersten Computer in Gebrauch (vgl. GBUR 1998, 6). In dieser Anfangszeit gab es eine Vielzahl von verschiedenen Systemen. Eine Standardisierung, wie wir sie heute vorfinden, gab es zu dieser Zeit noch nicht. Für jedes dieser Systeme war eine eigene Software vonnöten. Damals übernahmen im Wesentlichen Lehrer und Zivildienstleistende in Eigenarbeit die Entwicklung von Einsatzmöglichkeiten der verschiedenen Programme. Die zunächst verwendeten Schreibmaschinen wurden durch den Einsatz von Computern zunehmend abgelöst. Verschiedene Vorteile, wie die Möglichkeit der Korrektur, das Versetzen des Cursors an eine beliebige Stelle im Text oder die Tatsache der besseren Lesbarkeit (Wahl der Schriftart und Schriftgröße) führten dazu, dass sich der Computer immer mehr durchsetzte. Schnell erkannte man, dass der PC dem Schüler zahlreiche neue Lern- und Beschäftigungsmöglichkeiten eröffnen konnte. Zu dieser Zeit wurden Computer überwiegend als elektronische Schreibmaschinen genutzt, denn gerade beim Erstellen und Bearbeiten von Texten zeigte der PC seine offensichtlichen Stärken. Die Möglichkeiten, die der Computer dem Schüler zur Hilfestellung anbot, erleichterten das Arbeiten enorm (Rechtschreibprogramme, Layout etc.). So konnten sich gute Schreibergebnisse erzielen lassen. Einigen Schülern, die bislang nicht in der Lage waren, sich verbal oder schriftlich zu äußern, eröffnete der Computer die Möglichkeit, sich ihrer Umwelt mitzuteilen. Durch verschiedene Adaptionen (siehe Kapitel 4) war es auch schwerstbehinderten Schülern möglich, den Computer mit nur einem Taster zu bedienen.

Auch in anderen sonderpädagogischen Fachrichtungen kam es zu Berührungen mit der Computertechnologie. An der Schule für Sehbehinderte erkannte man schnell, dass man durch den Einsatz des Computers Bilder und Texte wesentlich besser vergrößern konnte. Auch die Möglichkeit der Kontrasteinstellung war ein großer Vorteil. Berufsmöglichkeiten im Bereich der elektronischen Datenverarbeitung wurden und werden durch den Computer für diese Schüler realisierbar (vgl. STÖRMER 1993, 59). Bereits damals wurden in den Schulen für Sprachbehinderte und Hörgeschädigte spezielle Programme entwickelt, mit deren Hilfe sprachbehinderte Schüler die Aussprache einzelner Wörter üben konnten, indem die Lautbildung der Worte optisch dargestellt wurde. Für Hörbehinderte konnten sowohl der Ort als auch die Art der Lautbildung verdeutlicht werden. Dies unterstützte den Artikulationsunterricht wesentlich.

SCHMITZ (1990, 727ff) hält auch in der Schule für Geistigbehinderte den Einsatz des Computers für sehr sinnvoll, da diesen Schülern der Umgang mit dem neuen Medium Freude bereitet und insgesamt sehr motivierend wirkt. Durch die Benutzung des PCs wird die Augen-Hand-Koordination, das Abstrahierungsvermögen und die Wahrnehmung geschult, wodurch sich den Schülern möglicherweise mehr Beschäftigungsmöglichkeiten in späteren Arbeitsfeldern erschließen könnten.

Der entscheidende Unterschied zu anderen Schularten besteht bei der Schule für Körperbehinderte darin, dass der Computer hier als prothetisches Hilfsmittel genutzt werden kann. Im Bereich der Körperbehindertenpädagogik ist es heute selbstverständlich, Computer zur Förderung der Schüler einzusetzen. Gerade durch den Einsatz als prothetisches Hilfsmittel können in dieser Schulart zahlreiche körperliche Defizite kompensiert werden.

### 3.2 Einbeziehung in die didaktisch-methodische Planung des Unterrichts

Um den Computer in den Unterricht einzubinden, muss ihn die Lehrkraft in die didaktisch-methodische Planung einbeziehen. STÖRMER (1993, 160) nennt dazu zwei verschiedene Arten des Einsatzes:

Der PC kann bei einem bewegungsbeeinträchtigten Schüler zum Einsatz kommen, um den Stoff besser bearbeiten zu können, den der Rest der Klasse auch bearbeitet. Im Vorfeld der Unterrichtsplanung ist es wichtig, den Arbeitsplatz dieses Schülers so zu organisieren, dass er den PC problemlos nutzen kann und die entsprechenden Programme zur Verfügung hat, um Unterrichtsinhalte zu bearbeiten und zu üben. Ohne den Computer wäre dieser Schüler auf einen Assistenten angewiesen, der für ihn stellvertretend Handlungen ausführt. Dieser Unterrichtet sieht dann so aus, dass der Assistent dem Schüler Fragen stellt und dieser dann entweder mit ja oder nein (bzw. durch Mimik oder Gestik) antwortet. Der Nachteil dieser Arbeitsform ist allerdings, dass sie sehr störungsanfällig ist. Macht der Schüler beispielsweise zu viele Fehler, fällt es dem Assistenten schwer, den Schüler für das weitere Unterrichtsgeschehen zu motivieren. Auf entsprechende Reaktionen des Assistenten, seien sie verbal oder nonverbal, reagieren Schüler jedoch meist sehr sensibel, was den Lernprozess stören kann. Auch sich häufig wiederholende Fragemuster während dieser Arbeitsform können den Lernfortschritt hemmen. Oft werden zwei falsche Antworten angeboten, dann erst die richtige, welche der Schüler bestätigen soll. In solchen Abfragesituationen kann es passieren, dass Schüler „oftmals nicht auf die eigentliche Aufgabenstellung, sondern mehr auf das Mienenspiel des Helfers reagieren" (HUBER 1990, 112).

Neben der Möglichkeit, den Computer als Hilfsmittel für einen Schüler zur individuellen Förderung einzusetzen, kann man ihn auch mit entsprechender Anordnung (Computerraum) für alle Schüler zugleich zugänglich machen. So wird er zum Übungsgerät für mehrere Schüler. Auch in Kleingruppenarbeit lassen sich bestimmte Sachverhalte am PC üben; auch der Einsatz als Mittel der Informationsbeschaffung zu einem bestimmten Thema über das Internet bietet sich an.

Aufgrund der vielfältigen Einsatzmöglichkeiten des Computers erfordert die Unterrichtsplanung eine sorgfältige didaktisch-methodische Reflexion, um für jeden Schüler oder jede Schülergruppe das adäquate Anspruchsniveau anzubieten. Dies gelingt bei kleinen Gruppen oder einzelnen Schülern natürlich leichter als in größeren Gruppen oder gar dem kompletten Klassenverband. Dabei ist allerdings wichtig, dass durch den Computereinsatz der menschliche Kontakt zu dem Schüler nicht vernachlässigt wird. Gerade in der Anfangszeit ist ein personeller Bezug zur Erarbeitung des Systems wichtig. Dies kann ein eigenes Lernfeld darstellen, das viel Übung und Zeit erfordert (vgl. ebd., 116).

Der Computer darf nicht dazu genutzt werden, die Schüler einfach nur zu beschäftigen ohne Lerninhalte zu vermitteln. Bei der Einbeziehung des Computers in die methodisch-didaktische Planung des Unterrichts gilt es deshalb auch zu berücksichtigen, dass die Nutzung des PCs sich an den pädagogischen Aufgaben des Lehrers orientiert und Inhalte vermittelt werden, die mit dem Förderplan übereinstimmen. Der Computer steht immer in Zusammenhang mit verschiedenen Zielbereichen, in denen er zum Einsatz kommt (vgl. BAYER-DANNERT. In: LELGEMANN 2003, 96).

### 3.3    Möglichkeiten und Grenzen

Die ätiologischen und phänomenologischen Merkmale von Körperbehinderungen sind fast so zahlreich wie die Körperbehinderungen selbst. Aus diesem Grund kann man nicht pauschaliert über die Bedeutung des Computers für die Bildung und Erziehung bei Körperbehinderten urteilen. Wichtiger ist es, die pädagogische Effektivität daran zu messen, inwieweit körperbehinderten Schülern neue individuelle Handlungs- und Entwicklungsmöglichkeiten eröffnet werden können (vgl. LUTZ. In: MICHAELIS 2006, 16f).

Bereits zu Beginn der 1990er Jahre untersuchte u.a. das Staatsinstitut für Schulpädagogik und Bildungsforschung München die Möglichkeiten und Grenzen der Förderung von körperbehinderten Menschen mithilfe der zur damaligen Zeit noch relativ „neuen Technologie" (vgl. HUBER 1990, 137f). Es war ein langwieriger Prozess bis sich herauskristallisierte, dass die wesentlichen Vorteile des Computereinsatzes vor allem in den Bereichen Kommunikation und Lernen liegen, worauf ich nun genauer eingehen werde.

### 3.3.1 Kommunikation

Die Schule für Körperbehinderte wird mehr und mehr von Schülern mit erheblichen motorischen Einschränkungen besucht, die sich häufig nur begrenzt verbal äußern können. Auch die Kommunikation über Schriftsprache gelingt nicht immer, da die Schüler erhebliche Defizite in der Graphomotorik aufweisen. Auch kognitive Entwicklungsdefizite werden dabei bemerkbar und stören die Kommunikation häufig (vgl. HUBER 1990, 13). Einige Schüler werden ohne Hilfsmittel nur von ihren Eltern und unmittelbaren Bezugspersonen verstanden. Die aktive Teilnahme dieser Schüler am Unterricht stellt eine hohe pädagogische Herausforderung dar. Deshalb stellt sich die Frage, wie diese Schüler aktiver am Unterrichtsgeschehen teilnehmen können.

Computer bieten zahlreiche Möglichkeiten, Kommunikationserschwernisse schwer behinderter Schüler zu kompensieren, denn er dient für schwer und schwerst körperbehinderte Schüler, oft mit cerebralen Schäden und nicht vorhandener verbaler Sprache, als wesentliches Kommunikationsmittel (vgl. ebd., 137). Den größten Anteil an elektronischen Hilfsmitteln zur Kommunikation haben heute sogenannte Talker. Darunter versteht man Kommunikationshilfen für Hör- und Sprachgeschädigte. Mithilfe dieser Sprachcomputer können Menschen mit Behinderungen ihre Bedürfnisse, Befindlichkeiten und Wünsche ihrer Umwelt besser mitteilen und somit ihr Leben aktiver und selbstbestimmter gestalten. Auf die unterschiedlichen Arten von Talkern und deren Möglichkeiten, körperbehinderten Menschen zu mehr Teilhabe an der Gesellschaft zu verhelfen, werde ich in Kapitel 5.2 genauer eingehen.

Laut Ministerium für Kultus, Jugend und Sport Baden-Württemberg (2004, 20) muss die Kommunikationsförderung an den alltäglichen kommunikativen Bedürfnissen des Kindes oder Jugendlichen ansetzen und in den (Schul-)Alltag und Unterricht integriert werden. Sollte Einzelförderung notwendig sein, so wird diese in enger Absprache mit dem Klassenteam durchgeführt. Entscheidend ist, dass das Kind oder der Jugendliche den Transfer in die alltäglichen Kommunikationssituationen leisten kann und ihm dafür entsprechende Zuwendung und Zeit entgegengebracht wird.

Für HUBER (1990, 98) liegen die Vorteile elektronischer Sprachsysteme klar auf der Hand. Dadurch, dass der Schüler sich auch im Unterricht verbal äußern kann, gelingt eine aktivere Beteiligung am Unterrichtsgeschehen. Der Schüler hat die Möglichkeit, eigene Ideen beizusteuern. Die vermehrte Aufmerksamkeit, die ihm dadurch zuteil wird, steigert das Selbstbewusstsein und Kommunikationssituationen werden als weniger belastend empfunden. Durch die Sprachausgabe der Talker kann der Schüler von sich aus ein Gespräch beginnen und das Gesprächsthema aktiv gestalten sowie an Gruppengesprächen teilnehmen. Durch das Display und die Sprachausgabe des Talkers hat der Schüler eine visuelle und akustische Kontrolle über seine eigenen Mitteilungen. Auch im nachschulischen Leben bestehen erweiterte Berufschancen durch eine bessere Kommunikationsfähigkeit.

Nichtsdestotrotz hat der Talker auch seine Grenzen. Die Bedienung ist gerade für bewegungseingeschränkte Schüler sehr beanspruchend. Bei Ermüdung kommt es vermehrt zu Tippfehlern, ebenso, wenn das Gespräch sehr anspruchsvoll ist. Deshalb ist es wichtig, genügend Pausen einzuplanen, um Entlastung zu schaffen. Der Schüler muss die erforderlichen kognitiven Voraussetzungen mitbringen, besonders dann, wenn der Computer bzw. der Talker nur mithilfe eines Tasters angesteuert werden kann. Manche Geräte klingen relativ unnatürlich und sind nur schwer zu verstehen. Beispielsweise werden geläufige englische Wörter phonetisch deutsch ausgegeben, so dass der Gesprächspartner nur am Display ablesen kann, was der Schüler ursprünglich gemeint hat. Eine richtige Gesprächssituation kommt somit nicht zu Stande. Zuletzt ist noch anzumerken, dass das Gerät und die entsprechenden Adaptionen immer mitgenommen werden müssen. In aller Regel sind Schüler beim Aufbauen und Anschließen der Taster auf fremde Hilfe angewiesen. Aus meinen Gesprächen mit Lehrkräften können auch noch weitere Gesichtspunkte aus der Praxis hier angeführt werden: Die Geräte sind häufig sehr teuer, werden von Krankenkassen zum Teil ungern bezahlt und sind dementsprechend oft veraltet; die technisch oft mangelhaft integrierte Hardware führt häufig zum Absturz des Gerätes. Zusammenfassend ist also zu sagen, dass der Computer ein technisch aufwändiges Hilfsmittel ist, und dadurch der Benutzter herausgefordert wird.

### 3.3.2 Lernen

Nach HUBER (1990, 137) stellt der PC Schülern, denen wegen ihrer Beeinträchtigungen im Stütz- und Bewegungssystem ihres Körpers unmittelbare Sacherfahrungen erschwert werden, eine wichtige Lernhilfe dar, wobei weniger die Hardware an sich, sondern vielmehr die Lernsoftware (siehe Kapitel 4.2), die zum Einsatz kommt, im Vordergrund steht. Spezielle

Lernprogramme, die sich an den Lernenden anpassen, fördern die kognitiven Kompetenzen des Schülers. Mit der passenden Software kann ein Schüler dann eine Themenstellung so lange üben, bis er den Inhalt verstanden hat. Hat der Lernende Schwierigkeiten in der visuellen oder auditiven Wahrnehmung, ist er auf technische Hilfsmittel, wie Hör- oder Sehhilfen angewiesen (vgl. ebd., 114f). Der Computer unterstützt den Lernprozess z.B. dadurch, dass die Schrift vergrößert oder der Text durch eine integrierte Sprachausgabe vorgelesen wird. Andere Programme helfen dem Kind, schneller Texte zu verfassen, was zu einer deutlichen Erhöhung des Schreibtempos führt. Das wiederum fördert die Integration innerhalb der Lerngruppe. Der Computer gibt, wenn er bei einzelnen Schülern eingesetzt wird, die Möglichkeit, dass alle Schüler der Klasse die gleichen Übungsmöglichkeiten haben.

MELZER (1987, 251) fügt an, dass der Computer auch in einem hohen Maße „individualisierte und differenzierte Lernsituationen" ermöglicht. Er kann Lerngegenstand und Lernmedium zugleich sein und, wie bereits erwähnt, von einem oder mehreren Schülern genutzt werden. Dadurch bietet er neue Formen der Individualisierung und Differenzierung an (vgl. STÖRMER 1993, 45). Dies ist besonders bei einer großen Leistungsbandbreite in einer Klasse von Vorteil. In der Schule für Körperbehinderte treffen Lehrer immer wieder auf Schülergruppen, die in ihren motorischen Möglichkeiten und ihren individuellen Lernbedürfnisse sehr unterschiedlich sind. Vor allem zur Differenzierung bietet er vielfältige Möglichkeiten. Ob als Zusatzaufgabe für schnelle Schüler zur gezielten Einzelförderung oder bei schwächeren Schülern zum Nachholen bei Versäumnissen, die Einsatzmöglichkeiten sind vielfältig. Der Computer kann hier als geduldiger Helfer eingesetzt werden, der den Schülern, mithilfe von gut ausgewählten Programmen beim Lernen hilft und den Lehrer gleichzeitig unterstützt (vgl. LAMERS 1999, 306f).

HAMEYER (1987, 9f) sieht einen großen Vorteil in einem erhöhten Lernleistungsniveau, welches durch den Computer erreicht werden kann: „Der Computereinsatz erzielt eine Qualität, die sonst nur bei Einzelfördermaßnahmen - auf einen Schüler bezogen - üblich ist. Anders ausgedrückt: Traditionelle Förderung setzt entweder mehr Zeit oder Personal voraus, um vergleichbare Erfolge zu gewährleisten."

In der Literatur findet man immer wieder verschiedene Praxisbeispiele, die deutlich machen, wie motivierend der Einsatz des Computers für Schüler sein kann. STÖRMER (1993, 125) spricht von der „Faszination Computer". Wenn der PC zum ersten Mal im Unterricht zum Einsatz kommt, sind die meisten Schüler sehr motiviert und begeistert. Der Computer hat den starken „Reiz des Neuen". Für Schüler, die aufgrund ihrer motorischen Defizite zu keinen selbständigen Handlungen in der Lage sind und den Computer überwiegend als Kommunikationsmittel einsetzen, besteht die Faszination darin, endlich durch eigenständige Handlungen etwas in ihrer Umwelt bewegen und eigene Meinungen formulieren zu können, was einen hohen Motivationsfaktor darstellt. Dies gilt es auszunutzen und somit (lernschwachen) Schülern neue Lernerfahrungen zu verschaffen. Auch bisher verborgene Fähigkeiten der Schüler können entdeckt und gefördert werden, wodurch das Handlungspotential (auch für die private und berufliche Zukunft) erweitert wird. Schüler, die in ihrer Bewegungsfähigkeit weniger eingeschränkt sind, so dass sie sich auch ohne Computer verständigen können, sind ebenfalls zunächst durch den hohen Aufforderungscharakter des PCs motiviert. Allerdings ist es nach dieser ersten Kennenlernphase wichtig, den Computer als Lernmittel richtig einzusetzen, so dass ihn der Schüler eigenständig und effektiv für Übungen nutzen kann.

Zuletzt gilt es auch, behinderten Kindern und Jugendlichen die Möglichkeit zu geben, ihre eigenen Erfahrungen mit Computern und Medien machen zu lassen, sich in der Lebens- und Arbeitswelt, die maßgeblich von der Technik beeinflusst wird, zurechtzufinden. Nicht zu vergessen ist die Tatsache, dass neue Medien vielfältige Chancen und Vorteile (auch erweiterte Berufschancen) bieten, welche man diesen Menschen nicht vorenthalten darf.

Trotz aller Vorteile wäre es falsch, den Computer als „allein selig machendes didaktisch-methodisches Unterrichtsprinzip zu feiern" (BONFRANCHI 1992, 43). Der Computer ist keine Wunderwaffe. Oft wird ihm gerade von Eltern eine zu hohe Bedeutung beigemessen. Die Effektivität hängt von verschiedenen Variablen ab. Zunächst muss man bewerten, wie der Computer eingesetzt wird. Die Auswahl der richtigen Lernprogramme und natürlich auch die Schülerpopulation sind auschlaggebend für einen erfolgreichen Einsatz. Arbeiten beispielsweise in einer Übungsstunde mehrere Schüler selbstständig an einem PC, dessen Übungsprogramm die Möglichkeit zur Kontrolle und/oder Korrektur bietet, können die Schüler selbständig arbeiten (vgl. STÖRMER 1993, 49). Der Lehrer hat in dieser Zeit die Möglichkeit, andere Schüler individuell zu betreuen. Dadurch werden dem Lehrer mehr Freiräume für seine eigentliche pädagogische Aufgabe eröffnet.

Dass der PC eine professionelle Schüler-Lehrer-Beziehung nicht ersetzt, scheint selbstverständlich. Kritiker allerdings sehen den Einsatz des Computers allein auf eine ergänzende Funktionsübung beschränkt (vgl. HUBER 1990, 28). Speziell für die Förderung von schwer- und mehrfachbehinderten Menschen ist es notwendig, bei der Förderung möglichst viele Sinneskanäle anzusprechen, um die Gefühlsebene zu erreichen, was nach ihrer Meinung von einem Computer nicht geleistet werden kann. Sinnliche Erfahrungen lassen sich durch den Computer auch nur schwer transportieren. Da viele körperbehinderte Kinder nicht handelnd „begreifen" und erfahren können, kann ihnen vieles nur auf dem Monitor, also virtuell, zugänglich gemacht werden. Der Computer kann also die primäre, konkrete Erfahrung nicht ersetzen. Die Wahrnehmung mit anderen Sinneskanälen, neben dem visuellen Kanal, darf nicht vernachlässigt werden. Deshalb ist es wichtig, Lerninhalte am PC mit konkreten Erfahrungen zu verknüpfen. Erlebt der Schüler jedoch mit dem Computer viele Frustrationserlebnisse aufgrund kognitiver Überforderung oder durch den Einsatz ungeeigneter Programme, verliert dieses Medium schnell seinen Reiz. Letztendlich ist es mit dem Computer wie mit anderen Medien auch: In der „richtigen Dosierung" kann er durchaus das Unterrichtsgeschehen beleben und bereichern. KANTER (in: HAMEYER 1987, 40) fasst dies in eine Kurzformel zusammen: „Ohne ein gutes pädagogisches Konzept und darauf aufbauende Curricula ist die beste Technologie für das „Erziehungsgeschäft" wertlos."

### 3.4    Einsatzgebiete

Dank der Multifunktionalität des PCs gibt es eine breite Palette möglicher Anwendungsfelder. Während es in den Anfangszeiten des Computereinsatzes aus finanziellen und technischen Gründen noch schwer war, es möglichst vielen Schüler zu ermöglichen, Lernerfahrungen mit dem PC zu sammeln, ist der Computer heute als Unterrichtsmedium anerkannt: Zunächst, weil er als geeignetes Medium in die Bildungspläne aufgenommen wurde und sich daraus für die Schulträger die Verpflichtung ergab, den Schulen PCs in ausreichender Menge zur Verfügung zu stellen (siehe Kapitel 3.5.3). Außerdem verbesserte sich die Anwenderfreundlichkeit deutlich. Die Computer sind wesentlich einfacher zu bedienen. Heute kommen auch Lehrkräfte mit mehr praktischen Computererfahrungen in die Schule als es früher der Fall war (vgl. NESTLE u.a. in: HAMEYER 1987, 203). Durch ihre Schul- und Studienzeit oder durch Fortbildungen sind sie in diesem Bereich versierter als es noch vor Jahren der Fall war. Dadurch änderten sich die Möglichkeiten und die Einsatzgebiete sehr stark.

Die möglichen Einsatzgebiete sind so vielseitig, dass ich an dieser Stelle nur einen kurzen Überblick geben kann, der natürlich keinen Anspruch auf Vollständigkeit erhebt.

### 3.4.1  *Der Computer als Schreibhilfe*

Moderne Informations- und Kommunikationstechnologien spielen eine wichtige Rolle in der Bildung und Erziehung von Kindern und Jugendlichen mit einer Körperbehinderung. Eine existentielle Bedeutung besitzen sie als Schreibhilfe, wenn das Schreiben von Hand nicht oder nur sehr unzureichend möglich ist. Dies gilt zum einen für Schüler mit schwerer motorischer Beeinträchtigung. Sie sind oft nicht dazu in der Lage, einen Stift zu halten der eine große Spezialtastatur zu nutzen. Mithilfe von Adaptionen (zum Beispiel Taster oder Lidschlagsensoren und andere Impulsgeber) können diese Schüler trotzdem Texte erstellen. In solchen begründeten Fällen wird der Computer von der Krankenkasse als notwendiges prothetisches Hilfsmittel bereitgestellt (vgl. HUBER 1990, 68). Hierbei ist noch anzumerken, dass der Computer nur eine von vielen möglichen Hilfen sein kann. Das letztendlich passende Hilfsmittel zum Ausbau der kommunikativen Möglichkeiten für den Schüler zu suchen, ist Aufgabe des Lehrers bzw. des Fachlehrers K.

Zum anderen wird der Computer als Schreibhilfe bei den körperbehinderten Schülern, die feinmotorisch dazu in der Lage wären, einen Stift willentlich differenziert zu bewegen, eingesetzt. Bei diesen Schülern ist das Schreiben mit dem Stift nur mit viel Mühe zu bewältigen. Die feinmotorischen Bewegungen beim Schreiben führen zu einer Anspannung und Verkrampfung. Es ist zu beobachten, dass der Schüler Mühe hat, einzelne Buchstaben auf das Papier zu bringen. Dadurch ist es diesen Schülern nicht möglich, flüssig und schnell zu schreiben. Der motorische Schreibprozess ist so anstrengend, dass das Schreiben oft vorzeitig abgebrochen werden muss. Aus diesem Grund dauert das Erstellen von Texten oft sehr lange. Das hohe Anstrengungsmaß beeinträchtigt oftmals auch die orthographische Qualität des Geschriebenen. Ein weiteres Problem ist, dass die Schüler ihre eigenen Texte oft nicht mehr entziffern und somit auch nicht mehr mit oder an ihnen weiterarbeiten können. Dies führt dazu, dass bei vielen Schülern die Motivation, eigene Texte zu verfassen und zu gestalten, schwindet. Die Diskrepanz zwischen intellektuellem Vermögen, Texte zu erstellen und diese wegen der eingeschränkten motorischen Fertigkeiten nicht zu Papier bringen zu können, erzeugt verständlicherweise erhebliche Frustrationen.

Dadurch wird auch der Leselernprozess beeinträchtigt, weil wichtige Schritte, wie z.B. der Aufbau, das Erkennen und das Lesen einzelner Silben, oder gar das sinnentnehmende Lesen durch diese Schwierigkeiten stark gehemmt werden. Die Verwendung des PCs in diesem Prozess beinhaltet die Möglichkeit der automatischen Rechtschreibkorrektur, wodurch vielen Schülern das Erstellen von Texten am PC deutlich schneller und fehlerfreier gelingt. Dies wiederum hat zur Folge, dass die Motivation, lesen und schreiben zu lernen, positiv beeinflusst wird und Frustrationen vermindert werden.

Durch den richtigen Einsatz des Computers kann der Schriftspracherwerb unterstützt werden, selbst wenn die Schüler technisch gesehen in der Lage sind, einen Stift zu halten. STÖRMER

(1993, 155f) weist allerdings darauf hin, dass das handschriftliche Schreiben natürlich nicht vollständig durch das Schreiben am PC ersetzt werden soll, da man im täglichen Leben auch ohne den Computer spontan handschriftlich schreiben muss (z.B. Einkaufszettel, Kurzmitteilungen oder Termine). Das Schreibtempo beim handschriftlichen Schreiben lässt sich meistens durch Übungen verbessern. Der am Computer geschriebene Text hat den Vorteil, dass Linien stets eingehalten werden und das Schriftbild sauber und leserlich ist. Auch die Korrektur gelingt problemloser und sauberer. Das Schriftbild bleibt übersichtlich, wodurch ein flüssiges Lesen des Textes besser gelingt.

Graphomotorische Probleme oder das Erinnern an die Buchstabenform fallen beim Schüler weg. Durch eine mögliche Sprachausgabe kann der Text noch vorgelesen werden. Außerdem kann man zwischen verschiedensten Darstellungsmöglichkeiten wählen (vgl. HACKETHAL in: HAMEYER 1987, 115f). Dadurch wird das Lernen von Kulturtechniken unterstützt. Da das Schreiben auch schneller und besser abläuft, ist das Lesen- und Schreibenlernen viel motivierender. Schüler, die nur mit großer Mühe Texte verfassen können, schreiben am Computer „ganz normal" (LENGEMANN 2003, 92) und können so schulische Techniken (z.B. Diktate, Texte abschreiben etc.) am PC nachvollziehen.

### 3.4.2  Therapeutische Einsatzmöglichkeiten des Computers

Nach LEGLER (in HAMEYER 1987, 234) findet der Computer auch seit Beginn in der Therapie Verwendung. Mit ihm können schwerpunktmäßig verschiedene Wahrnehmungsbereiche gefördert werden. In den meisten Fällen kommen in der Therapie optische oder akustische Reize zum Einsatz, die der Schüler wahrnehmen soll. Je nach Programm und individuellem Förderbedürfnis des Schülers soll dieser im Anschluss an den Reiz eine Reaktion folgen lassen. Eine weit gehend normal entwickelte körpernahe Wahrnehmung wird dabei als Voraussetzung gesehen; wobei ein wichtiges Therapieziel sein muss, diese Wahrnehmung weiter zu fördern.

Durch diesen Einsatz des Computers können verschiedenste Bereiche der visuellen oder auditiven Wahrnehmung gefördert werden (u.a. visuomotorische Koordination, Figur-Grund-Differenzierung oder visuelle Gedächtnisübungen). Auch Stützfaktoren wie Motivation, Konzentration, Wahrnehmung und Reaktion werden gezielt geschult.

Der PC kommt auch in verschiedenen Fachdiensten zum Einsatz (vgl. HUBER 1990, 128f). Die Logopädie beispielsweise profitiert vom diesem Medium durch Spracheingabe- und

Ausgabesysteme. Neben der Artikulationstherapie wird der Computer auch bei anderen Sprachbehinderungen, wie z.B. Dysgrammatismus und Sprechhemmungen erfolgreich eingesetzt. In der Diagnostik hat sich der PC als sehr bedeutsames Instrument bei der Durchführung und Dokumentation von Diagnoseprozessen (z.B. Audiometrie) bewährt. Die medizinische Diagnostik ist heute ohne Einsatz des Computers nicht mehr denkbar (z.B. MRT, EEG etc.).

### 3.4.3 Der Computer als Instrument zur Eröffnung von Teilhabechancen

Eine neue wichtige Bedeutung hat der Computer mit der Ratifizierung der UN-Konvention durch die Bundesregierung und die Bundesländer im Februar 2009 erfahren. Insbesondere in den Artikeln 24 (Bildung) und 27 (berufliche Teilhabe) verpflichten sich alle Länder, die die UN-Konvention ratifiziert haben, zur schrittweisen Umsetzung von Inklusion (vgl. SCHUMANN 2009). Alle Schüler besuchen die gleiche Schule, alle erfahren berufliche Teilhabe in Betrieben. Neben dem Artikel 3 des Grundgesetzes der Bundesrepublik Deutschland – „Alle Menschen sind vor dem Gesetz gleich." und „Niemand darf wegen seiner Behinderung benachteiligt werden." (Bundesministerium der Justiz 2012) - bedeutet dies eine rechtstaatliche Verpflichtung zur Umsetzung von Inklusion. Damit gibt es keine Beliebigkeit, sondern das einklagbare Recht auf Teilhabe in allen gesellschaftlichen Bereichen, was die Schülerschaft der Schule für Körperbehinderte betrifft, insbesondere das Recht auf berufliche Teilhabe. Künftig stellt sich nicht mehr die Frage, ob der behinderte Mensch in der Lage ist, den Anforderungen an einen Schul- oder Arbeitsplatz zu entsprechen, sondern wie der Schul- bzw. Arbeitsplatz gestaltet werden und die Unterstützungsinstrumente organisiert werden müssen, um den Menschen mit Behinderung die Teilhabe zu ermöglichen (vgl. SCHMELLER 2011). Bis heute ungelöst ist die Frage der Teilhabe sogenannter Schwerstmehrfachbehinderter. Auch in diesem Bereich hat die UN-Konvention Bewegung gebracht. Es gibt zwischenzeitlich Versuche, Behinderte und nichtbehinderte Kinder zieldifferent an einer Schule zu unterrichten und Modelle zur beruflichen Teilhabe Schwerstbehinderter zu erproben. Zielführend hat sich dabei erwiesen, nichtbehinderte Kinder auch an Sonderschulen durch die Vernetzung von sächlichen und personellen Ressourcen zu unterrichten und Betriebe durch umfängliche Information und Bereitstellung von entsprechender Assistenz für die Beschäftigung sogenannter Schwerstmehrfachbehinderter zu gewinnen. Haupthindernis bei diesen Bemühungen ist das in Deutschland bestehende sehr differenzierte Rechts- und Verwaltungssystem, das die Vernetzung von Kompetenzen und Ressourcen durch das Festhalten an Zuständigkeiten und Finanzmitteln erheblich erschwert (vgl. ebd.). Diese Ausdifferenzierung und die Globalisierung bewirken auch, dass sich in ausschließlich allen Tätigkeitsfeldern der Computer als unverzichtbar etabliert hat. Immer wiederkehrende Arbeitsabläufe, schematisierte Verfahrensweisen, Archivierung von Sachverhalten bieten ein weites Einsatzgebiet für dieses Medium, wobei die Rechenleistung dieser Systeme dem Menschen komplizierte, vielschichtige Denkvorgänge abnimmt, so dass der Schwerpunkt auf der Anwendung von entsprechend konstruierten Programmen liegt. Gerade dieses Betätigungsfeld ist für die in dieser Arbeit beschriebene Schülerschaft in besonderem Maße erschließbar. Die Eingabe von Daten und die Pflege von Dateien ist auch für schwerbehinderte Menschen, die die Eingabehilfe benutzen können, möglich. Die Entwicklung von computergestützten Hilfsmitteln für Menschen mit Behinderungen macht deutlich, welche Potentiale hierbei noch zu erschließen sind. Denkt man z.B. an die Steuerung von Computern durch die Ableitung von Hirnströmen, durch Augen- bzw. Lidbewegungen, durch Mimik und andere Äußerungen, so wird deutlich, welche Möglichkeiten in der Anwendung solcher Systeme im Bereich gesellschaftlicher und beruflicher Teilhabe noch zu erwarten sind und welche Möglichkeiten sich damit für die beschriebene Schülerschaft eröffnen.

### 3.4.4 Sonstige Einsatzbereiche

Wie in anderen Schularten ist es auch an der Schule für Körperbehinderte wichtig, den Computer als Lerngegenstand zu nutzen (vgl. ebd., 111). Die Schüler an der Schule für Körperbehinderte sollen wie andere Schüler im Rahmen einer grundlegenden Bildung Kompetenzen im Umgang mit Medien erlangen. Die besondere Betrachtung im sonderpädagogischen Rahmen liegt dabei darauf, wie der Computer den Schülern die unterrichtliche Arbeit erleichtern und dadurch eine größere Teilhabe am Geschehen ihrer Lebensumwelt ermöglichen kann. Kenntnisse in diesem Bereich sind auch für die Zukunft einiger Schüler wichtig, da dadurch eine berufliche Integration erleichtert werden kann.

Auch die Nutzung des PCs als Informationsquelle darf an dieser Stelle nicht vergessen werden. Im schulischen Rahmen können Schüler mit ihm das Internet nach Informationen und Bildern durchsuchen und zur Vorbereitung von Referaten oder Präsentationen nutzen (vgl. DEMMLER. In: MICHAELIS 2006, 25). Auch zur Vorbereitung von Schulfesten, Landschulheimaufenthalten etc. können sich die Schüler selbstständig informieren und gestaltend an der Planung von Aktivitäten mitwirken. Dieses aktive Planen und Gestalten spielt letztendlich für das nachschulische Leben eine immens große Rolle, trägt es doch zu einem selbstbestimmten und im Rahmen der individuellen Möglichkeiten weitgehend selbstständigen Leben bei. Zuletzt soll hier noch die Möglichkeit des Einsatzes des Computers als Spielgerät genannt werden. Computerspiele nehmen in der Freizeit der Schüler einen hohen Stellenwert ein (vgl. GBUR 1998, 27). Durch den Spaßfaktor wird der Computer als Medium gerne angenommen. Die dadurch entstehende Akzeptanz dieses Mediums ermöglicht den Einsatz auch in Lernfeldern.

## 3.5 Rahmenbedingungen

In diesem Kapitel sollen die Rahmenbedingungen und die Voraussetzungen für den Einsatz des Computers genauer erörtert werden. Um den Computer zur Förderung von körperbehinderten Kindern und Jugendlichen richtig einzusetzen zu können, müssen bestimmte Voraussetzungen erfüllt sein.

### 3.5.1 Schüler

Damit der Computer nach einer Übungs- und Eingewöhnungszeit auch sinnvoll eingesetzt werden kann, müssen bei dem körperbehinderten Schüler hinreichende Handlungskompetenzen auf kognitivem, motorischem und perzeptivem Gebiet vorhanden sein (vgl. STÖRMER 1993, 136ff). In den seltensten Fällen lässt sich die Entwicklung von Kindern, die durch eine Behinderung beeinträchtigt wurde, miteinander vergleichen. Jeder Schüler hat individuelle körperliche und motorische Kompetenzen, mit denen er einen Computer bedienen kann. Für einen Großteil der Schüler kann ein Computer helfen, den schulischen Anforderungen besser gerecht zu werden. Voraussetzungen ist jedoch ein Mindestmaß an kognitiven Fähigkeiten (vgl. GBUR 1998, 8).

Zunächst zu den kognitiven Voraussetzungen: In einer Übungssituation muss der Schüler verstehen, was von ihm verlangt wird. Neben der bildlichen Darstellung auf dem Bildschirm ist es auch wichtig, dass der Schüler den Sinn der Übung versteht. Um eine erfolgreiche Arbeit am PC zu gewährleisten, wäre es desweiteren sinnvoll, wenn der Schüler den Nutzen des Computers für sich erkennen könnte. Der Grad der kognitiven Herausforderung wird natürlich auch dadurch mitbestimmt, welche Ziele gesetzt werden und welche Anforderungen das entsprechende Übungsprogramm stellt. Wenn der Computer als Schreibhilfe eingesetzt wird, ist dies deutlich herausfordernder als mit einem einfachen Talker „ja" oder „nein" antworten zu können. Speziell bei kognitiv beeinträchtigten Schülern muss ein Verständnis des Ursache-Wirkungs-Prinzips aufgebaut werden (vgl. STÖRMER 1993, 144). Aufgrund von Erfahrungsdefiziten durch eingeschränkte Bewegungsfähigkeiten haben viele Schüler es noch nicht bewusst erlebt, aktiv Einfluss auf die Umwelt zu nehmen. Um körperbehinderten Kindern diese Erfahrung zu ermöglichen, bietet es sich an, durch Niederdrücken eines Schalters ein Ereignis in der Umwelt zu kontrollieren (z.B. Drücken des Schalters, Radio geht an). Durch diese Vorarbeit bekommt der Schüler ein Verständnis vom Ursache-Wirkungs-Prinzip, was für die Arbeit am PC essentiell ist. Die Steuerung des PCs ist aber abstrakter und wesentlich komplexer, weshalb dieser Schritt auch längere Zeit in Anspruch nehmen kann. Ist der Schüler nur dazu in der Lage, einen Schalter zu bedienen, muss er beim ‚auto-scanning' Verfahren (siehe Kapitel 4.1.3) noch weitere Fähigkeiten besitzen. Er muss der automatischen Auswahl folgen und im passenden Moment den Schalter bedienen, um die Auswahl zu bestätigen.

„Mindestanforderungen", die zur Bedienung benötigt werden, sind schwer zu benennen. „Gibt es eine Schwelle, die ein Schüler erreicht haben muss, um mit dem Computer überhaupt ‚etwas anzufangen' zu können?" (BEYER-DANNERT. In: LELGEMANN 2003, 95). Voraussetzung für den Computereinsatz ist, dass der Schüler motorisch dazu in der Lage ist, den PC zu bedienen. Durch den Einsatz unterschiedlichster Adaptionen gelingt die Steuerung des Computers heutzutage bereits mit einer minimalen Handlungsfähigkeit seitens des Schülers. Sei es das Benutzen von einem oder zwei Tastern (drücken und loslassen können), oder das Zwinkern mit dem Auge (siehe Kapitel 4.1); diese körperlichen Aktionen müssen innerhalb einer sinnvollen Zeitspanne erfolgen. Die Aufmerksamkeit des Schülers muss darauf gerichtet sein, ob der Bildschirm des Computers die eigene Aktion sinngemäß wiedergibt und so die Voraussetzung geschaffen wird, dass der Kommunikationspartner seine Mitteilungen dekodieren und verstehen kann.

Ist der Schüler nur dazu in der Lage einen Schalter zu betätigen (oder ein anderes Signal bewusst auszulösen), besteht die Möglichkeit des, oben bereits erwähnten, ‚auto-scannings'. Dabei werden alle Auswahlmöglichkeiten nacheinander markiert. Der Schüler muss „nur" noch ein Signal geben, um das markierte Feld auszuwählen. Das Tempo der Abfrage muss hierbei durch die Betreuungsperson richtig ausgewählt werden. Überschreitet das Auswahltempo das Arbeitstempo des Schülers, kann dieser seine Auswahl nicht mehr korrekt ausführen. Auch temporäre Leistungsschwankungen gilt es zu berücksichtigen. Je nach Tagesform gelingt es dem Schüler eventuell besser, einzelne Körperteile bewusst zu bewegen. Ein wichtiger Aspekt ist der, dass cerebral geschädigte Schüler bei dieser Art von Abfrage leicht unter Druck geraten und so spastische Verkrampfungen ausgelöst oder verstärkt werden können. Diese Methode stellt sicherlich die mühsamste Art des Schreibens dar. Deshalb ist darauf zu achten, dass der notwendige Arbeitsaufwand mit dem erwarteten Resultat in

Relation gesetzt wird. Dieses Verfahren stellt jedoch für schwer bewegungsbeeinträchtigte Schüler eine Möglichkeit dar, mit minimalen Bewegungen einen Text zu schreiben. Die Taster können dabei vom Schüler mittels verschiedener Körperfunktionen benutzt werden. So gibt es neben Hand- und Fußschalter auch solche, die durch Kopfbewegungen oder durch Blasen und Ansaugen von Luft bedient werden können (siehe Kapitel 4.1). Um die Körperfunktion zu finden, mit dem der Schüler das beste Ergebnis erzielen kann, ist eine interdisziplinäre Zusammenarbeit von Sonderpädagogen, Krankengymnasten und Ergotherapeuten zwingend erforderlich (Multidisziplinäre Unterrichtsplanung und Durchführung).

Da die Steuerung mithilfe nur eines Signalgebers sehr anstrengend sein kann, ist es von großem Vorteil, wenn der Schüler die Möglichkeit hat, zwei verschiedene Signalgeber zu aktivieren. Ist er in der Lage, zwei Taster zu bedienen, wählt er mit dem einen Taster ein Feld aus und bestätigt die Auswahl mit dem anderen. Hierbei kann der Schüler sein Arbeitstempo selbst wählen und auch Pausen einlegen.

Zuletzt nennt STÖRMER (1993, 137ff) noch perzeptive Rahmenbedingungen, die Schüler mitbringen müssen, um erfolgreich mit dem PC arbeiten zu können. Bei der Arbeit mit dem PC muss der Benutzer auf eine bestimmte Art und Weise auf die Darstellung/Ausgabe auf dem Bildschirm reagieren. Wird der Impulsgeber betätigt, muss der Schüler eine Wirkung wahrnehmen können. Das Betätigen des Schalters soll nicht ohne Kenntnis/Wahrnehmung des Schülers geschehen, da er sonst keinen Bezug zum Ereignis feststellen kann (vgl. HUBER 1990, 60f). Häufig müssen Bilder oder Symbole aufgenommen und dechiffriert werden. Außerdem müssen einfache zweidimensionale Darstellungen (konkrete Darstellungen/Abbildungen) erkannt werden.

Nach dieser Wahrnehmungsleistung muss das Aufgenommene verstanden werden. Störungen in der visuellen Wahrnehmung oder mangelnde kognitive Kompetenzen haben direkten Einfluss auf diesen Prozess. Um für den Schüler die Wahrnehmungsverarbeitung zu erleichtern, muss das Programm einfach und übersichtlich strukturiert sein. Eine akustische Rückmeldung erleichtert die Bedienung erheblich.

Trotz der Vielzahl an technischen Möglichkeiten, die mittlerweile zur Verfügung stehen, lassen sich dadurch nicht alle Probleme lösen. Obwohl ein großer Teil der Schüler mithilfe der Technik einen PC bedienen kann, gibt es darüberhinaus schwer körperbehinderte Schüler, denen dies nicht möglich ist. Zum einen sind dies Schüler, die aufgrund schwerer motorischer Beeinträchtigungen nicht dazu in der Lage sind, auch nur einen Schalter sicher zu bedienen.

Zum anderen diejenigen, die ihre Wünsche und Bedürfnisse nicht in Worte fassen können (vgl. STÖRMER 1993, 152ff).

Beim Einsatz des Computers muss man neben der gegenwärtigen auch die zukünftige Lebenssituation des Schülers im Auge haben. Damit ist gemeint, dass der Schüler im späteren Leben den Computer als Schreib- und Kommunikationshilfe oder als Arbeitsmittel im Beruf oder in der Freizeit einsetzen kann. Da davon auszugehen ist, dass dem behinderten Menschen nicht immer eine Begleitperson zur Verfügung steht, ist eine möglichst frühzeitig anzubahnende, selbstständige Bedienung durch den Schüler Grundvoraussetzung. Technische Hilfsmittel oder Adaptionen müssen sich deshalb an den Fähigkeiten des Betroffenen orientieren. Auch nach der Schulzeit müssen Ansprechpartner zur Verfügung stehen, die elektronische Hilfsmittel weiter betreuen können (vgl. GBUR 1998, 8).

### 3.5.2  Lehrer

Auch für die Lehrkräfte stellt der Computer auf vielfältige Art und Weise eine Herausforderung dar. Der Lehrer muss über entsprechende Sachkompetenz verfügen und diese umsetzen können, um sich in die Betreuung für Hard- und Software einzubringen oder den PC auch sinnvoll für die (Einzel)förderung von Schülern einsetzen zu können. Es ist unter allen Umständen zu vermeiden, dass Schüler ohne konkreten Arbeitsauftrag und ohne Definition von Zielen am PC „abgestellt werden". Der Lehrer trägt maßgeblich dazu bei, den Computer in den Schulalltag zu integrieren, damit der Schüler schnell lernen kann, sein Gerät zu bedienen. Dem einzelnen Schüler, wie oben schon beschrieben, gerecht zu werden und die für ihn passende Computerkonfiguration zu finden, ist eine schwierige Aufgabe. Wichtige Informationen über den Schüler erhält er aus dem sonderpädagogischen Team bestehend aus Fachlehrern K, Erziehern oder weiteren Betreuungskräften. Dazu ist eine interdisziplinäre Kooperation unabdingbar (vgl. WOLFGART 1972, 19). Der Lehrer muss die individuellen Fähigkeiten und Fertigkeiten (Motorik) des Schülers kennen und daraus sinnvolle Einsatzmöglichkeiten des PCs ableiten. Desweiteren ist die Einbettung des Computers in den didaktisch-methodischen Rahmen des Unterrichts sehr wichtig. Es gibt verschiedene Möglichkeiten, den PC zu nutzen (z.B. Einzel- oder Gruppenarbeit). Nur unter kompetenter Anleitung durch den Lehrer kann der Computer in der Schule für Körperbehinderte im besonderen Maße individuelle Lernmöglichkeiten und -chancen eröffnen. Der Gefahr des nicht-adäquaten Einsatzes dieses per se äußerst hilfreichen Mediums muss sich jeder Anwender stetes bewusst sein.

Die nötigen Computerkenntnisse werden oftmals autodidaktisch erworben, weshalb der Wissensstand sehr unterschiedlich sein kann. LAUTERBACH (in: HAMEYER 1987, 223) weist daraufhin, dass Lehrer Fortbildungen benötigen, um ihre pädagogisch-didaktischen Kompetenzen im Bereich des Computereinsatzes auf einen gemeinsamen Stand zu bringen und erweitern zu können. Die Unterrichtung des Schülers in der Arbeitsweise und den Möglichkeiten des von ihm genutzten PCs basiert auf den selbst erworbenen Kenntnissen des Lehrers. Es kann für den Schüler besonders ungünstige Folgen haben, wenn er auf Lehrer trifft, die nicht über die nötigen Kompetenzen im Umgang mit dem Computer verfügen.

Als weitere Rahmenbedingung wird die Integration der elektronischen Hilfen in das soziale Umfeld des Schülers gesehen (vgl. STÖRMER 1993, 129). Der Lehrer muss die Eltern und dem Schüler nahestehenden Menschen in der Bedienung des Hilfsmittels unterrichten, um die in der Schule erworbenen Kenntnisse im häuslichen Umfeld nachvollziehen zu können und sie in die Lage zu versetzen, die Chancen, die dieses Medium bietet, wirkungsvoll im Alltag einsetzen zu können.

### 3.5.3 Ergonomie des Arbeitsplatzes

Nahezu alle Schulen verfügen heute über eine technisch zeitgemäße Ausstattung. Im Regelfall gibt es in der Schule einen Computerraum, in dem die Schüler an PCs arbeiten können. HUBER (1990, 25ff) weist in diesem Zusammenhang darauf hin, wie wichtig neben der personellen Ausstattung auch die sächliche Ausstattung einer Schule ist. Damit sind spezifische Anforderungen an das Mobiliar und die Räumlichkeiten gemeint. Neben der Ausstattung mit eigenem Computerraum muss eine Schule für Körperbehinderte für den flexiblen Einsatz des Computers auch über mobile Geräte verfügen. Bei Lern- und Übungsprogrammen ist es von großem Vorteil, den PC im Klassenzimmer zu haben, so dass er für den Schüler stets zugänglich ist. Wenn der Computer als prothetisches Hilfsmittel eingesetzt wird, ist dies natürlich unerlässlich. Empfehlenswert ist die Höhenverstellbarkeit des Arbeitstisches, da der Computertisch individuell an Größe und Körperhaltung des Schülers angepasst werden muss. Damit ihn auch Rollstuhlfahrer benutzen können, muss der Tisch unterfahrbar sein (vgl. BEYER-DANNERT. In: LELGEMANN 2003, 93). Darüber hinaus gibt es auch direkt an den Rollstuhl montierte Tische, die in ihrer Größe und Beschaffenheit an die spezifischen Bedürfnisse der Schüler angepasst sein müssen.

Für Schüler, die ihre Bewegungen nicht kontrolliert steuern können, bieten sich rutschfeste Matten an, die man z.B. unter die Tastatur legt. Es ist desweiteren darauf zu achten, dass alle angeschlossenen Geräte (zum Beispiel Drucker oder Monitor) vom Schüler gut erreicht und bedient werden können. Um die für den Schüler ergonomisch am besten geeignete Arbeitsposition zu finden, ist es unerlässlich, den fachmännischen Rat von Fachlehrern K innerhalb des Teams einzuholen.

Da die Arbeit am PC eine große visuelle Beanspruchung darstellt, kann es zu Störungen visueller Funktionen kommen, wie z.B. Flimmern, tränende Augen usw. Auf die geeignete Belichtung des Arbeitsplatzes muss deshalb besonders geachtet werden. Auch direktes Gegenlicht, das den Schüler bei der Arbeit blenden könnte, sollte unbedingt vermieden werden, vielmehr sollte das Tageslicht möglichst seitlich einfallen. Neben einer angemessenen Raumgröße, die den Bedürfnissen der Rollstuhlfahrer gerecht wird, muss der Abstand zum Bildschirm sehr genau ermittelt werden. Auch die Adaptionen und deren Bedienung erfordern ausreichend Platz. Bei unkontrollierten und überschießenden Bewegungen darf sich der Schüler nicht an den Adaptionen verletzen oder sie ungewollt steuern bzw. beschädigen. Um Unfälle zu vermeiden, müssen Stromkabel bzw. Kabel der Adaptionen so verlegt werden, dass jegliche Gefahr des Stolperns o.ä. vermieden wird. Kabel, die eventuell quer durch den Raum gelegt werden müssen, müssen durch ein Klebeband fixiert und möglichst abgedeckt und – falls nicht zu vermeiden – sogar mit dem Rollstuhl überfahrbar sein (vgl. ebd., 93). Sind diese Rahmenbedingungen erfüllt, steht dem Einsatz des Computers nichts mehr im Weg: „So macht die Sonderpädagogik durch den Einsatz elektronischer Hilfen körperbehinderten Schülern Wege frei, die besetzt schienen. Sie will Freiheit dort anregen, wo Abhängigkeiten bestehen, und Leben ermöglichen, wo dies zu erlahmen scheint" (FISCHER. In: HUBER 1990, 7).

### 3.6    Lernsoftware

Der Einsatz von Lernsoftware spielt im schulischen Kontext eine zentrale Rolle. Nestle u.a. (in: HAMEYER 1987, 200) sieht mögliche Anwendungsgebiete überall dort, wo durch den Computer eine Individualisierung und Differenzierung des Unterrichts ermöglicht wird. Lernprogramme bieten die Möglichkeit zum Üben, vor allem in den Kulturtechniken (Lesen, Schreiben, Rechnen). Das Angebot an Lernprogrammen ist mittlerweile so groß, dass es schwierig ist, den Überblick zu behalten und qualitativ gute und geeignete Programme von weniger geeigneten zu unterscheiden. Schulbuchverlage entwickeln und bieten die Schulungssoftware als Übungs- oder Ergänzungsmaterial zu Schulbüchern inzwischen in großer Zahl an. Bei der Konzeption von Lernprogrammen wird leider in den wenigsten Fällen die barrierefreie Bedienung der Programme durch Schüler, die in ihrer Motorik eingeschränkt sind, berücksichtigt. Ein weiteres Manko ist, dass Lernprogramme sich von ihrer Präsentation und Aufmachung her oft an Kindern im Grundschulalter orientieren; Lernprogramme für ältere Schüler mit kognitiven Einschränkungen sucht man – wie auch geeignete Schulbücher – leider oft vergebens (vgl. BEYER-DANNERT. In: LELGEMANN 2003, 99). Dennoch sind Programme, die Schüler beim Lernen unterstützen sollen, nicht mehr aus dem schulischen Leben wegzudenken, da sie den Unterricht ergänzen und bereichern können. „Digitale Medien können so gestaltet sein, dass sie das Zusammenwirken zwischen Imaginationen, konkretem Handeln und abstrakten Konzepten unterstützen und dadurch Motivation und Einsicht fördern" (SCHELHOWE 2007, 156). Die Frage stellt sich also, wie ein Lernprogramm gestaltet sein muss, damit diese Anforderungen erfüllt werden.

Bei der Auswahl geeigneter Programme für den Computer ist bei diesen Schüler genau darauf zu achten, dass sie vom Aufbau her klar strukturiert, vom kognitiven Anforderungsniveau her nicht zu schwierig und vom Inhalt her möglichst altersgerecht sind, die Darstellung der Schrift oder Bilder ausreichend groß und übersichtlich ist und dass die Programme einfach gesteuert werden können. Nach SCHELHOWE (2007, 161) soll die Lernsoftware, ähnlich wie Montessori-Material, durch ihren evokativen Charakter die Aufmerksamkeit der Kinder fesseln und zum Nachdenken anregen. Da Kinder besser lernen, wenn sie dabei neue, für sie interessante Erfahrungen sammeln und sich dadurch neues Wissen aneignen können, ist bei der Auswahl der Lernsoftware darauf zu achten, dass sie möglichst Lernen und persönliche Interessen und Neigungen verbindet, d.h. der Erwerb von Wissen sollte Spaß machen, die Neugierde des Kindes wecken und ihm Raum zum Experimentieren bieten. Dadurch werden wichtige Kompetenzen, wie z.B. Selbstmotivation und Selbstvertrauen gefördert.

Die Software sollte anschaulich, klar strukturiert und übersichtlich sein, sodass auch kognitiv schwächere Schüler davon profitieren können. Sie soll das Interesse wecken und die Konzentrationsfähigkeit fördern. Ferner ist es empfehlenswert, die Lernsoftware unter dem Gesichtspunkt der Kompatibilität mit dem Schulbuch - sofern vorhanden - auszuwählen, d.h. dass die bereits aus dem Buch bekannten Figuren mitspielen und die Schüler somit eine inhaltliche Verbindung zwischen Buch und Übungs- bzw. Ergänzungsmaterial der Software herstellen können. HUBER (1990, 28) fügt weitere Eigenschaften hinzu, die ein gutes Lernprogramm haben sollte: Es ist wichtig, dass die Software Inhalte aus dem Bildungsplan durch eine altersentsprechende Gestaltung transportiert und dabei stets die individuelle Leistungsfähigkeit des Kindes berücksichtigt. Aus diesem Grund ist auch ein individuell einstellbarer Schwierigkeitsgrad sinnvoll, bei dem der Schüler, je nach Leistungsfähigkeit, mehr oder weniger Hilfestellungen bekommt. Zuletzt sollte das Lernprogramm versuchen, möglichst viele Sinne des Lernenden anzuregen. In der Regel sind es akustische oder visuelle Informationen, die den Lernprozess begleiten.

Genau darin liegt auch ein Vorteil von Lernsoftware gegenüber anderen Lernmitteln. Sie vermittelt Inhalte mit graphischer oder akustischer Unterstützung, wodurch der Lernstoff veranschaulicht und motivierend präsentiert wird (vgl. BONFRANCIII 1992, 53). Die Schüler können spielend neue Inhalte lernen und durch das wiederholte Umwälzen des Unterrichtsstoffes entsteht ein hoher Übungseffekt. Oft gibt es Aufgabenblöcke, die zwar das gleiche Thema haben, aber immer wieder anders ansetzen. Dies fördert zusätzlich die Motivation. Auf die unterschiedlichen Lernvoraussetzungen der Schüler kann die Software durch flexible Anpassung des Schwierigkeitsgrades oder der Präsentation (z.B. Tempo, Schriftgröße) reagieren. Gute Lernsoftware verhindert auch, dass Fehler mitgelernt werden, da bei richtiger Antwort eine bestätigende, bei Fehlern eine auf den Fehler hinweisende Reaktion erfolgt.

Auch wenn jeder Lehrer mit der Zeit Vorlieben für bestimmte Programme entwickelt, muss er trotzdem neue Entwicklungen immer im Auge haben und entsprechend der spezifischen Interessen und Bedürfnisse der Schüler passende Programme aussuchen (vgl. BEYER-DANNERT. In: LELGEMANN 2003, 105). Natürlich hat auch Lernsoftware, genau wie andere Übungsmaterialien, Grenzen. Zunächst kann sie eine schlechte didaktische Vorbereitung oder eine unzureichende methodische Durchführung des Unterrichts nicht verbessern bzw. kompensieren. Der richtige Einsatz des Computers stellt für den Lehrer oft eine Herausforderung dar. Ein weiteres Problem könnte der motorische Aufwand beim Üben sein, der einzelne Schüler überfordern könnte. Ist dies der Fall, sollte man als Lehrer auf andere Übungsformen zurückgreifen, wie zum Beispiel Arbeitsblätter, Lernspiele oder andere didaktische Materialien. Zuletzt ist hier noch anzumerken, dass Übungsprogramme in den meisten Fällen nur „richtig" oder „falsch" kennen. Weiterführende abweichende oder unvorhergesehene und trotzdem richtige Antworten oder Lösungswege können vom PC nicht aufgegriffen und kommentiert werden, wie es eine Lehrkraft kann.

# 4.0 Alternative Computersteuerung mit Hilfsmitteln

Bei der Einbindung des Computers in die schulische Praxis trifft man häufig auf technische Probleme und die Frage, wie man den Computer für Menschen mit einer Körperbehinderung zugänglich und bedienbar machen kann. Ein nichtbehinderter Mensch steuert den PC in der Regel mit der Maus und Tastatur. Viele körperbehinderte Menschen benötigen aufgrund ihrer eingeschränkten körperlichen Fähigkeiten individuelle Lösungen, also speziell auf ihre Bedürfnisse angepasste Eingabemethoden. Bei Kindern mit einer schweren Körperbehinderung, die nur minimale Bewegungen ausführen können, gilt es, für die Steuerung des PCs auch die noch so kleinste Fähigkeit dieser Kinder zu nutzen. Dabei wird bei jedem Schüler individuell geschaut, welche Körperfunktionen er bewusst steuern kann. Zur Bedienung von Computern werden deshalb Adaptionen eingesetzt. Unter dem Begriff „Adaptionen" versteht man Anpassungen des Computers an die Bewegungsfähigkeit eines körperbehinderten Menschen (vgl. STÖRMER 1993, 138). Diese Geräte sind durch ihre Hardware-Konzeption in ihrer Funktion unverändert festgelegt und können mit der passenden Software eine alternative Steuerung des Computers ermöglichen (vgl. HUBER 1990, 16).

## 4.1 Adaptionen

### 4.1.1 Tastaturadaptionen

Ist der Schüler trotz seiner motorischen Einschränkungen dazu in der Lage, eine Tastatur zu benutzten, sind normalerweise keine Adaptionen notwendig. Allerdings kann nur knapp die Hälfte der Schüler an der Schule für Körperbehinderte den Computer über eine normale Tastatur zu bedienen, weshalb Spezialstaturen oder andere alternative Eingabemethoden zum Einsatz kommen (vgl. STÖRMER 1993, 73). Ein Großteil dieser Schüler nutzt den Computer dazu, vorhandene motorische Defizite beim Schreiben zu kompensieren. Schwer- oder schwerstbehinderte Schüler sind in ihrer Bewegungsfähigkeit so weit eingeschränkt, dass die Bedienung des Computers nur über spezielle Taster möglich ist. Anhand der Computertastatur lässt sich gut veranschaulichen, wie individuell eine solche Adaption an die besonderen Bedürfnisse eines Menschen angepasst werden kann.

Als einfache Möglichkeit bietet es sich hier an, eine Abdeckplatte über der normalen Tastatur anzubringen. Der Schüler kann dabei zur einfacheren Bedienung die Hand auf die Platte legen und durch passende Bohrungen in der Platte die entsprechenden Tasten drücken. Bei Schülern mit einer stärkeren Behinderung reicht diese Maßnahme nicht aus und es ist erforderlich, zusätzlich zu der Lochplatte eine stark vergrößerte Tastatur zu wählen. Die Tasten dieser

Spezialtastatur sind, genau wie die einzelnen Abstände der Tasten, stark vergrößert. Der Benutzer kann so sicherer und zielgenauer einzelne Tasten drücken. So sind sie auch für Schüler, die Störungen bei feinmotorischen Bewegungen haben, nutzbar.

Für Schüler, die über einen kleinen Aktionsradius verfügen, bieten diese Großtastauren allerdings keine befriedigende Lösung. Für diese Gruppe von Menschen gibt es Miniaturtastaturen, die auch mit einem kleinen Aktionsradius der Hand zu bedienen sind. Diese Mikrotastaturen zeichnen sich zusätzlich durch leichtgängige Tasten aus, die mit wenig Kraft bedient werden können. Alle Tasten können erreicht werden, ohne das Handgelenk bewegen zu müssen. Diese Art der Adaptionen eignet sich besonders für Schüler mit einer Muskeldystrophie, da zum Drücken der Tasten nur wenig Kraft benötigt wird.

**Micro-Tastatur**

**Maxi-Tastatur**

Maße: 200 x 210 x 35 mm

Betätigungskraft: 15 g

Betätigungsweg: 1 mm

Tastendurchmesser: 4 mm

Tastenfeldgröße: 135 x 56 mm

Gewicht: 900 g

Anschluss: USB

Maße: 510 x 212 x 20/45 mm

Tastenfeldgröße: 27 x 27 mm

Betätigungskraft: 100 g

Betätigungsweg: 4 mm

Gewicht: ca. 1.800 g

Anschluss: USB

INCAP GmbH (2011)

### 4.1.2 Mausadaptionen

Um den Mauszeiger bewegen zu können, wird neben der Tastatur auch eine Maus zur Richtungssteuerung des Cursors eingesetzt. Mit ihr kann man den Cursor schnell und bequem zum schnellen Springen in einem Schreibtext oder zum Öffnen von Programmen auf dem Bildschirm benutzen. Viele körperbehinderte Schüler stellt die Nutzung einer Maus vor große Probleme. Obwohl man die Mauseinstellungen bis zu einem gewissen Grad personalisieren kann, benötigen Schüler mit einer Körperbehinderung häufig andere Adaptionen. So gibt es beispielsweise Joysticks, mit denen Computer gesteuert werden können, z.B. kann man durch Bewegung des Sticks die Richtung ändern (oben, unten, links, rechts). Dank eines großen Joysticks und der Möglichkeit, Geschwindigkeit und Beschleunigung des Zeigers individuell passend zu regulieren, eignet sich dieser auch gut für Schüler mit spastischen Lähmungen. Im Joystickgehäuse sind Knöpfe für den Links- bzw. Rechtsklick integriert. Auch Bildschirmtastaturen (siehe Kapitel 4.2.2) lassen sich mithilfe des Joysticks bedienen und zum Verfassen von Texten nutzen. Für Schüler, die nur den Kopf bewegen können oder in der Handmotorik sehr stark beeinträchtigt sind, bietet sich eine Kinnmaus an. Darunter versteht man einen kleinen Joystick, der mit dem Kinn bewegt wird. Durch Drücken des Hebels wird ein Mausklick simuliert, der, allerdings nur mit der entsprechenden Software, nach einer voreinstellbaren Zeit automatisch ausgelöst werden kann.

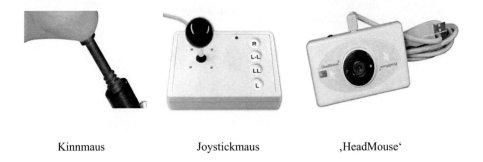

Kinnmaus          Joystickmaus          ‚HeadMouse'

INCAP GmbH (2011)

Auch durch die eigene Kopfbewegung lässt sich die Maus steuern. Eine Kamera erfasst einen zuvor angebrachten Reflexionspunkt in Gesicht oder auf der Brille des Schülers. Die Kopfbewegungen werden dann von der Kamera erfasst und über den USB-Anschluss an den PC übertragen. Die zugehörige Software steuert durch die Kopfbewegungen die Bewegungen der Maus auf den Bildschirm.

### 4.1.3 Sensoren und Schalter

Für Schüler mit einer schwereren Körperbehinderung bieten die oben bereits vorgestellten Adaptionen keine Möglichkeit, den PC zu steuern. Für diese Kinder stellt HUBER (1990, 46) eine weitere Alternative vor. Beim ‚Scanning' sind nur minimale motorische Fähigkeiten erforderlich. Um dieses Verfahren zu nutzen, muss der Schüler dazu in der Lage sein, mindestens einen Impuls/eine Bewegung bewusst zu kontrollieren. In der Regel sind es Taster, die es zu drücken gilt. Ist dies jedoch aufgrund motorischer Einschränkungen nicht möglich, reicht auch ein Augenzwinkern, das Blasen in einen dafür vorgesehenen Adapter oder das bewusste Anspannen einer beliebigen Muskelgruppe im Körper.

**AbleNet JellyBean**

Taster gibt es in unterschiedlichen Größen und Farben. Die gesamte Tasteroberfläche lässt sich leicht drücken.

**Proteor Muskelspannungssensor**

Der sehr druckempfindliche Sensor wird an einer Körperstelle befestigt, deren Muskelgruppen vom Betroffenen bewusst angespannt werden können (zum Beispiel am Kopf). Der Sensor erkennt die Muskelanspannung und gibt ein Signal aus.

**IntegraSwitch**

Die Ansprechempfindlichkeit dieses Saug-
Blas-Schalter ist für jeden Schüler
individuell einstellbar.

**TASH Näherungs-/Lidschlagsensor SCATIR**

Dieses Gerät erfasst selbst minimale
Körperbewegungen, wie Augenblinzeln oder
minimale Fingerbewegungen, die zur Steuerung
des PCs genutzt werden können.

Prentke Romrich Deutschland (2011a)

Die oben abgebildeten Geräte geben ein Signal an den Computer. Es gibt zwei Möglichkeiten,
wie der Computer die Signale verarbeitet (vgl. ebd., 46):

1.  Wenn der Schüler nur eine Bewegung gezielt ausführen kann, startet das Programm
    einen automatischen Ablauf. Bei einer virtuellen Tastatur würde beispielsweise jede
    Zeile nacheinander markiert werden. Dies geschieht so lange, bis der Schüler den
    Schalter auslöst. Dieses Signal wird vom Programm als eine Auswahl erkannt. Danach
    läuft wieder ein automatischer Ablauf, dieses Mal jedoch von Buchstabe zu Buchstabe
    in der ausgewählten Zeile. Ein weiteres Auslösen wählt einen bestimmten Buchstaben
    aus, der dann geschrieben wird. Die Ablaufgeschwindigkeit lässt sich dabei für jeden
    Schüler individuell einstellen. Durch dieses Verfahren ist es möglich, nur mit einem
    Taster einen Text zu schreiben.

2.  Ist der Schüler dazu in der Lage, zwei Taster gezielt auszuführen (bzw. zwei Signale
    von sich zu geben), ist ein automatischer Ablauf eigentlich nicht notwendig. Das
    Ändern der Auswahl wird durch Auslösen einer der zwei Schalter/Sensoren
    hervorgerufen. Der andere bestätigt die Auswahl.

## 4.2    Programme zur Kompensation einer Beeinträchtigung

Der Computer ist durch die Vielfalt der Software vielseitig einsetzbar. Ausgestattet mit entsprechender Lernsoftware dient er als Lernhilfe, mit dessen Unterstützung Texte und Grafiken aller Art erstellt und gestaltet werden können, man kann ihn als Nachschlagwerk nützen (Suchmaschinen, „googeln"), oder man kann ihn auf unterschiedlichste Art zur Schulung verschiedener Sinnesfunktionen nutzen. Darüber hinaus gibt es Programme, die speziell für (körper)behinderte Menschen konzipiert wurden und mit deren Hilfe Beeinträchtigungen so weit kompensiert werden können, dass das Arbeiten am PC für diese Zielgruppe erleichtert bzw. überhaupt erst ermöglicht wird. Diese „assistive software", wie sie im englischsprachigen Raum benannt wird, schafft Erleichterungen für bewegungseingeschränkte Menschen. Eine zentrale Rolle spielen dabei alternative Möglichkeiten zur Texteingabe. Ein Beispiel für diese Art von Programmen ist eine Bildschirmtastatur. Diese virtuelle Tastatur erscheint als Fenster auf dem Monitor und lässt sich mit der Maus oder entsprechenden Mausadaptionen (siehe Kapitel 4.1.2) steuern. Sei es mithilfe eines Joysticks oder durch bereits dargestellte Scanning-Verfahren, der Betroffene kann damit eigene Texte verfassen. Viele Bildschirmtastaturprogramme gibt es als kostenlosen Download im Internet. Häufig ist bei diesen Tastaturen eine „Word-Prediction"-Funktion integriert. Sie vereinfacht zusätzlich das Verfassen von Texten. Die Programme können angefangene Worte „vorhersehen" und selbstständig vervollständigen (z.B: Schreibprogramm mit Wortvorhersage MOMO). Während man tippt, schlägt das Programm fertig geschriebene Wörter vor. Sobald das Wort, welches man schreiben will, erscheint, kann man es auswählen und es wird geschrieben. Das Programm erkennt häufig benutzte Wörter und zeigt sie beim Wiedervorkommen an. Außerdem wird das Wörterbuch ständig erweitert und angepasst. So ist es beispielsweise möglich, lange Wörter mit nur zwei ‚Tastenanschlägen' oder Mausklicks einzugeben, wodurch das Schreibtempo deutlich zunimmt. Diese Art von Programmen lässt sich mit anderen Textanwendungen kombinieren (Word, Excel, E-Mailprogrammen etc.).

Die Spracherkennungssoftware ist eine weitere Möglichkeit, Texte zu verfassen. Dabei wird die Stimme des Benutzers mit einem Mikrofon aufgenommen und das Gesprochene in geschriebenen Text umgewandelt. Diese Methode eignet sich vor allem für Schüler, die sich laut und deutlich äußern können. Damit können diese Schüler, ohne eine Tastatur zu benutzen, Texte verfassen. Dies entlastet den Schüler, denn das Schreiben kann je nach Behinderung und Art der eingesetzten Adaptionen und Hilfen sehr anstrengend sein. Diese Software eignet sich sehr gut für kognitiv begabte, aber wesentlich bewegungsbeeinträchtigte

Schüler, weil das Gesprochene unmittelbar in einen geschriebenen Text umgesetzt wird. Die Möglichkeit, am Unterricht teilzunehmen, wird dadurch wesentlich verbessert. Im Hinblick auf die berufliche Teilhabe dieser Gruppe ist daran zu denken, dass diese Software z.b. ideal ist zum Diktieren von Texten.

Neben der Möglichkeit Sprache in geschriebenen Text umzuwandeln, gibt es auch den umgekehrten Weg: Bei Bildschirmleseprogrammen, sogenannten Screenreadern, wird der Text auf dem Bildschirm in Sprache umgewandelt und laut vorgelesen. Dies kommt nicht nur bei Menschen mit einer Sehbehinderung zum Einsatz, sondern kann auch dazu genutzt werden, Körperbehinderten, die zwar einen Text tippen, jedoch nicht sprechen können, zu ermöglichen, sich lautsprachlich zu äußern. Der nichtsprechende Schüler kann durch eigenständig verfasste Texte mit anderen Menschen in Kontakt treten, indem er seinen geschriebenen Text vorlesen lässt. Screenreader können praktisch als eine Art Talkerersatz genutzt werden, da sie trotz einer nicht vorhandenen verbalen Sprache Kommunikation ermöglichen.

Es gibt auch Hilfsprogramme, die zur Steuerung des PCs genutzt werden können. Ein Hilfsprogramm, welches ich an dieser Stelle genauer erläutern möchte, ist SAW 5 (ACE Centre Advisory Trust 2009). SAW 5 (Special Access to Windows) ist ein kostenlos herunterladbares Hilfsprogramm, welches viele Funktionen des Computers durch Screening-Verfahren (ein oder zwei Taster/Sensoren) steuerbar macht. In der Regel steuert man den PC mithilfe der Maus und der Tastatur. SAW ersetzt diese Steuerung mit zuvor erstellten Auswahl-Sets. Im unteren Bereich des Bildschirms erscheint eine bestimmte Anzahl von möglichen Auswahlfeldern. Diese können je nach Wunsch mit Symbolen, Worten oder Farben besetzt werden. Die Auswahl der verschiedenen Möglichkeiten gelingt durch einen oder mehrere Taster, die der Schüler steuern kann. Kann der Schüler nur einen einzigen Taster bedienen, läuft die Auswahl automatisch durch und der Tastendruck wählt das markierte Feld automatisch aus. Jedes Feld lässt sich individuell mit verschiedenen Funktionen belegen. Beispielsweise kann ein Auswahlset für das Empfangen und Versenden von E-Mails gedacht sein. Klickt der Schüler auf das Feld „E-Mail abrufen", öffnet sich automatisch das E-Mail- Programm und ruft im Anschluss darauf die neuen E-Mails ab. Klickt der Schüler nun auf ‚E-Mail schreiben', kann man das Feld so programmieren, dass automatisch in ein neues Fenster gewechselt wird. Zusätzlich kann man bestimmte Programme starten. In dem Fenster, in dem man E-Mails schreiben will, kann so beispielsweise zusätzlich eine virtuelle Tastatur geöffnet werden. Anhand dieses Beispiels wird ersichtlich, wozu man SAW benutzen kann: Abspielen von Musik, Surfen im Internet, Betrachten von Fotos, E-Mails schicken etc.

In der Berufsvorbereitenden Einrichtung der Gustav-Heinemann-Schule Pforzheim, Schule für Körperbehinderte, wird seit vergangenem Schuljahr mit SAW 5 gearbeitet (siehe Interview, Kapitel 4.4).

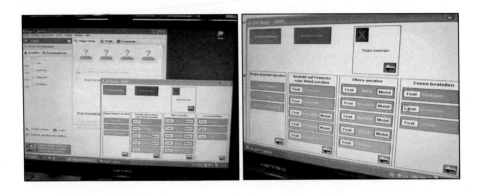

Auf dem linken Foto sieht man unten rechts das individuell für den Schüler gestaltete Auswahlset von SAW 5. Mit diesem Set kann der Schüler das Internettelefonie-Programm Skype, welches im anderen Fenster im Hintergrund läuft, steuern und mit verschiedenen Menschen über das Internet bzw. das Festnetz kommunizieren (Skype). Dieses Auswahlset wurde so konzipiert, dass es mithilfe von nur zwei Tastern steuerbar ist. Wie auf dem rechten Bild zu sehen ist, kann der Schüler damit verschiedene Kontakte im Festnetz, z.B. Eltern von Klassenkameraden und Lieferdienste in der näheren Umgebung, anrufen.

Im Rahmen der vorliegenden Arbeit ist nur ein kleiner Überblick über Programme, die körperbehinderten Schülern das Arbeiten am PC erleichtern können, möglich. Von jedem oben beschriebenen Programm lassen sich im Internet kostenlose Versionen finden. Diese bieten den Schülern mehr Aktionspotential sowie erweiterte Handlungsfähigkeiten und Kommunikationsmöglichkeiten. HUBER (vgl. 1990, 126) erwähnt in diesem Zusammenhang, dass diese Erweiterung die Voraussetzung für vermehrte Selbstständigkeit darstellt und die Bereitschaft zu weiteren selbstständigen Handlungsprozessen geweckt wird.

## 4.3 Hilfsmitteleinführung und -versorgung

Die Einführung eines elektronischen Hilfsmittels ist vor allem in der Phase der Installation und Inbetriebnahme sehr arbeitsintensiv. Es muss überprüft werden, ob der Schüler ausreichend Bereitschaft und Motivation mitbringt, um mit dem Hilfsmittel arbeiten und den Umgang damit erlernen zu wollen. Die kognitiven und motorischen Vorrausetzungen müssen bei der Auswahl und dem gezielten Einsatz des Gerätes wohl überlegt werden (vgl. ebd., 50). Dabei sollte das Gerät möglichst einfach zu bedienen sein und den Fähigkeiten und Fertigkeiten des Benutzers entsprechen (z.B. Großbildtastatur etc.). Es gilt, die Kraft, die Fingerbeweglichkeit, den Aktionsradius und den Grad der bewussten Steuerung innerhalb einer bestimmten Zeitspanne abzuklären, um passende Adaptionen nutzen zu können. In vielen Fällen ist es sinnvoller, zum Anfang des Förderprozesses ein nichtelektronisches Hilfsmittel einzusetzen, um die Kommunikationsmöglichkeiten des Kindes besser einschätzen zu können (vgl. GBUR 1998, 38). Aufgrund der großen Produktpalette an Hilfsmitteln sind Orientierungsprobleme der Fachkräfte bei der Entscheidung für das eine oder andere angebotene Produkt verständlich. Schließlich sollte das Hilfsmittel längerfristig möglichst selbstständig vom Schüler bedient werden können und ihn nicht überfordern. Fehlentscheidungen seitens der Verantwortlichen können an dieser Stelle sehr folgenschwer sein: Zum einen bekommt der Betroffene eine ineffektive Hilfe und zum anderen sind die Investitionskosten für ein Hilfsmittel, das nicht den erwünschten Nutzen bringt, möglicherweise sehr hoch (vgl. HUBER 1990, 36). Aus diesem Grund muss der Lehrer in Absprache mit allen Beteiligten letztendlich eine passende Entscheidung treffen, nachdem er sowohl die Erwartungen des Schülers, der Eltern als auch nicht zuletzt seine eigenen hinsichtlich der Lern- und Entwicklungsmöglichkeiten durch den Einsatz des Computers reflektiert hat (vgl. ebd., 44). Erst wenn ein solches Hilfsmittel als geeignet angesehen wird, muss in einem nächsten Schritt entschieden werden, wie das Hilfsmittel genau beschaffen sein soll und welche Konfigurationen (Adaptionen) notwendig sind, damit der Schüler es bedienen kann.

Hat der Schüler das für ihn geeignete Hilfsmittel erhalten, muss es zunächst individuell an dessen Bedürfnisse angepasst werden. Die Erarbeitung spezieller Eingabemöglichkeiten, Anpassungen an die Motorik des Schülers (Unterlagen, Halterungen, Abdeckplatten, Fixiermöglichkeiten für nicht benutze Körperteile) sowie Hard- und Softwarekomponenten müssen getestet und ausgewählt werden (vgl. GBUR 1998, 41). Erst wenn das komplette System an den Schüler angepasst ist (und nicht anders herum), kann die Förderung beginnen.

Nach Anpassung des Hilfsmittels an den Schüler sollte zunächst in Einzelförderung der Umgang mit dem Gerät geübt werden. Für Rückfragen muss immer ein kompetenter Ansprechpartner zur Verfügung stehen. Ziel der Hilfsmittelversorgung ist eine selbstständige und selbstverständliche Nutzung im Alltag. Hilfestellungen sollen dabei auf ein Mindestmaß reduziert werden. Ist der Schüler in der Lage, seinen PC entsprechend zu bedienen, kann nun der Einsatz des Computers dazu beitragen, verschiedene persönliche und unterrichtliche Zielvorstellungen zu realisieren.

Im Laufe des Entwicklungsprozesses, der beim Schüler während der Förderung stattfindet, ändern sich die Ausgangsvoraussetzungen ständig. Der Computer bzw. die Programme müssen sich also fortwährend an die Kompetenzen und Erwartungen des Schülers sowie an die jeweilige Lebenssituation anpassen. Diesen prozesshaften Charakter der Hilfsmittelversorgung stellt GBUR (1998, 43) in einem Diagramm dar:

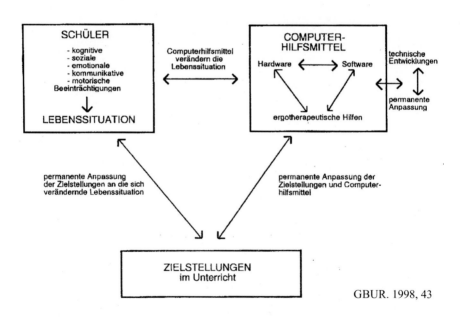

GBUR. 1998, 43

HUBER (1990, 50) fügt ergänzend hinzu, dass die Einbindung des Hilfsmittels in das soziale Umfeld eine zentrale Rolle spielt. Eltern und Freunde werden mit dem Hilfsmittel auch zurechtkommen müssen, damit sie den Schüler gegebenenfalls unterstützen können. Deshalb ist es erforderlich, Menschen aus dem persönlichen Umfeld des Schülers auf das Hilfsmittel vorzubereiten und Hinweise zu geben, wie sich das Gesprächsverhalten der Sozialpartner anpassen muss. Eine intensive Elternarbeit hilft dabei, Misserfolgserlebnisse für den Schüler so weit wie möglich zu reduzieren. Anregungen von Elternseite müssen vom Lehrer ernst genommen und umgesetzt werden (z.B. der Wunsch nach einem neuen Menü im Talker). Dazu zählt auch die Aufklärung über den Sinn, Zweck und die Funktionsweise des Gerätes sowie seiner Bedienungselemente und der Adaptionen.

## 4.4    Interview mit Cedric

Im Rahmen der vorliegenden wissenschaftlichen Studie führte ich ein Leitfadeninterview (vgl. MAYER 2009, 37) mit einem Schüler der Berufsvorbereitenden Einrichtung der Gustav-Heinemann-Schule in Pforzheim durch. Cedric (Name aus Gründen der Anonymisierung geändert) ist 18 Jahre alt, er ist im 12. Schulbesuchsjahr und wird nach dem Bildungsgang G unterrichtet. Laut seiner Akte hat er eine spastische Tetraparese, Dysarthrie und eine starke Sehbehinderung. Cedric kann sich verbalsprachlich zwar langsam aber gut ausdrücken. Seit in seiner Klasse der Computer eingesetzt wurde, zeigt er stets großes Interesse und arbeitet lange und ausdauernd daran. Regelmäßig wird das Hilfsprogramm SAW (siehe Kapitel 4.2) in der Einzelförderung an Cedrics Bedürfnisse angepasst. Mithilfe dieses Programmes kann er den PC ansteuern.. Er bedient den Computer mithilfe von zwei Tastern, die er mit seiner rechten Hand und seinem rechten Knie bedienen kann. So erstellt er Anwesenheitslisten, schreibt Emails oder telefoniert über das Internet. Der Klassenlehrer arbeitet engagiert daran, das Medium Computer in der Klasse vertraut zu machen und seine Vorteile zu verdeutlichen. Auch andere Schüler der Klasse arbeiten regelmäßig am PC. Zu diesem Zweck wurden für jeden Schüler individuelle, auf die jeweiligen Fähigkeiten und Fertigkeiten abgestimmte Profile, angelegt. Die Oberflächen (Auswahlsets) wurden für jeden Schüler individuell gestaltet (Audio-Wiedergabe, Größe der Tasten und Komplexität der Menüs).

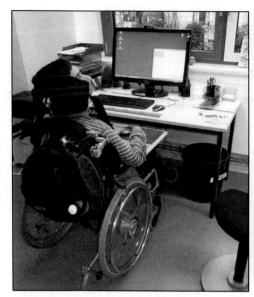

Cedric steuert seinen PC mithilfe von zwei Tastern (Bild rechts oben) und dem Hilfsprogramm SAW 5 (Bild rechts unten). Damit kann er beispielsweise jeden Morgen die Anwesenheitsliste für seine Klasse ausfüllen und diese dann direkt per Email an das Sekretariat der Schule senden.

Thema des Interviews war Cedrics Umgang mit dem PC, wie er ihn steuert und wie die Reaktionen seines persönliches Umfeld sind. Dazu erarbeitete ich offen formulierte Fragen, die der groben Gesprächsorientierung dienten. Ich achtete darauf, die Fragen möglichst einfach zu formulieren, damit Cedric sie problemlos verstehen kann. Dies wurde auch dem Interviewteilnehmer mitgeteilt, um eine möglichst entspannte Interviewatmosphäre zu schaffen. Um den Sinnzusammenhang des Interviews besser nachverfolgen zu können, schreibe ich das Interview an dieser Stelle in Partiturschreibweise:

| | |
|---|---|
| MB: | Also, wie lange arbeitest du denn jetzt schon am PC? |
| C: | Oh. Hm ...*(überlegt)* |
| MB: | Erst seit diesem Schuljahr oder schon länger? |
| C: | Ne, schon letztes Schuljahr. |
| MB: | Ok, und was hast du am Anfang am Computer gemacht? |
| C: | Am Anfang habe ich habe ich so kleine Texte auf dem *(Pause)* mit Wordpad geschrieben. Das hat aber noch nicht so gut funktioniert *(lacht)*. Dann habe ich auch noch so *(Pause)* Musik gehört. Aber ich konnte *(Pause)* konnte nur immer das gleiche Lied anhören. Also nicht wechseln oder so. Es *(Pause)* gab nur ein Titel. Aber jetzt *(Pause)* kann ich verschiedene Titel *(Pause)* Titels aussuchen. |
| MB: | Das hört sich ja klasse an! Wie findest du es, dass du da alles selbst steuern kannst? |
| C: | Cool. Weil *(Pause)* früher – äh - früher hat mir, hat mich tierisch genervt, wenn für mich alles gemacht wurde *(Pause)* Und jetzt kann ich selber machen *(lacht)*. |
| MB: | Und wie war das am Anfang? Konntest du da auch schon alles sofort selber machen, oder…? |
| C: | Nein, erst nacheinander. Am Anfang war weniger. |
| MB: | Ah ok. Und wie steuerst du den PC? |
| C: | Mit den zwei- äh -Tastern: Einmal im Knie, einmal im Arm. |
| MB: | Der auf dem Rolltisch da? *(zeigt auf den Tisch)* |
| C: | Ja. |
| MB: | War das von Anfang an so oder hast du erst rumprobieren müssen, was am besten klappt? |
| C: | Ich musste rumprobieren, wie das am besten so geht. |
| MB: | Ah ja! Das dauert auch ein bisschen bis da alles passt. |
| C: | Wir hatten noch so *(Pause)*, wo ich, auch ja genau! Wo ich noch bei Frau D. war, hab ich mit Benni *[Anmerkung: Zivildienstleistender]* noch ein Sprachprogramm ausprobiert. Aber das, *(Pause)* das war ganz schön nervig *(lacht)*. Ich musste jedes Mal das Wort wiederholen *(Pause)* Und das hat mich und den Benni |

| | |
|---|---|
| | genervt! |
| MB: | *(lacht)* Ok. Das ist verständlich. *(Pause)* Und was kannst du mittlerweile alles am PC machen? |
| C: | Mittlerweile kann ich Logo-Podcast runterladen und angucken. Und *(Pause)* in Wordpad ganz normal schreiben. E-Mails geht bei *(Pause)* bei mir auf dem Laptop noch. Aber *(Pause)* noch nicht so, wie's funktionieren soll. |
| MB: | Aber das wird noch? |
| C: | Das wird noch! Und *(Pause)* ich kann Radio anhören. |
| MB: | Über das Internet? |
| C: | Ja, über das Internet. Webradio. Ach ja, und ich kann noch in Skype rumtelefonieren. |
| MB: | Hast da auch schon Kontakte? |
| C: | Ja aber, *(Pause)* also bis jetzt kann ich nur Herr H. anrufen, Herr S. und die Caro. |
| MB: | Also deine Klassenkameradin? |
| C: | Ja. |
| MB: | Was brauchst du jetzt davon für die Schule am meisten? |
| C: | Schreiben. |
| MB: | Klar. Und was hat es mit der Essensliste auf sich, die ich grade vorhin noch gesehen habe? |
| C: | Essens..äh? *(Pause)* Anwesenheitsliste! |
| MB: | Anwesenheitsliste, sorry. |
| C: | Da, *(Pause)* des wird jeden *(Pause)*, wenn ich dran bin *(Pause)*, wird jeden Morgen ausgefüllt. |
| MB: | Von dir? |
| C: | Ja. |
| MB: | Und dann ausgedruckt nehm' ich an? |
| C: | Ne, erst abgespeichert. Und dann wird's gedruckt und dann bring ich die weg. |

| | |
|---|---|
| MB: | Ach so. Was sagen eigentlich deine Eltern dazu, dass das mit dem Computer so gut funktioniert? |
| C: | Die finden das gut. *(Pause)* Also die freuen sich. |
| MB: | Ja, das glaub ich. Und deine Freunde? |
| C: | *(Pause)* Hm. |
| MB: | Wem hast du das schon erzählt, dass du mittlerweile so viel am PC machen kannst? |
| C: | *(lacht)* Noch niemand. |
| MB: | *(lacht)* Noch niemand? Ist das ein Geheimnis? |
| C: | Ne, aber ich komm nie dazu *(lacht)*. |
| MB: | *(lacht)* Na dann. Wie ist es denn daheim? Hast du da auch einen PC, den du steuern kannst? |
| C: | Ich hab meinen eigenen. Dabei. So einen Windows 7 Laptop. |
| MB: | Wie lange hast du den schon? |
| C: | *(Pause)* Schon eine Weile. Ich hab' an meinem Geburtstag den *(Pause)* gekriegt. Am 18. Und hab ihn immer noch *(lacht)*. |
| MB: | *(lacht)* Das ist sehr gut! Und an dem kannst du die gleichen Sachen machen wie in der Schule? |
| C: | Ja, mein Laptop spinnt noch ein bisschen rum. Weil das ist *(Pause)* das ist schon gut, der Laptop, aber *(Pause)* da gehen dauernd Fenster auf. Und wenn die aufgeh'n, kann ich nicht kontrollieren *(lacht)*. |
| MB: | Oje, oje. Und die ganze Verkabelung vom PC macht dann daheim praktisch die Mama oder der Papa? |
| C: | Papa, ja. |
| MB: | Sehr gut, sehr gut. Ok, und was meinst du, kann man jetzt noch etwas verbessern, dass das noch besser klappen könnte mit dem PC bei dir? |
| C: | Hm *(Pause)* E- Mail! |
| MB: | Dass du besser schreiben kannst oder dass es vom Programm her besser klappt? |
| | Beides. Das Schreiben kann ich *(Pause)* üben, aber mit dem Programm *(Pause)* |

| C: | da *(Pause)* läuft's noch nicht so gut. Da brauch' ich einen anderen Vorleseprogramm. |
|---|---|
| MB: | Ah ja. Und was machst du, wenn was mal nicht so funktioniert wie du gerne möchtest? |
| C: | Es versuchen zu kontrollieren oder Papa rufen *(lacht)*. |
| MB: | *(lacht)* Und der bekommt das wieder in den Griff? |
| C: | Hm, jo. |

## 5.0 Computereinsatz im Bereich der Unterstützten Kommunikation

In unserer Gesellschaft sind kommunikative Kompetenzen Voraussetzung für die soziale und berufliche Teilhabe und spielen bei der Persönlichkeitsentwicklung eine entscheidende Rolle (vgl. Ministerium für Kultus, Jugend und Sport Baden Württemberg 2004,19). Etwa ein Drittel der Schüler mit einer Körperbehinderung kann sich verbal nicht äußern, weshalb gerade bei ihnen der Computer hauptsächlich als Kommunikationsmittel zu Einsatz kommt (vgl. STÖRMER 1993, 72). Durch dieses wichtige Hilfsmittel können die Kinder ihre Bedürfnisse oder Botschaften der Umwelt mitteilen, worauf in nahezu allen Lebensbereichen ein erfolgreiches Handeln aufbaut (vgl. HERMANN. In: LELGEMANN 2003, 106). Durch eine Behinderung können in diesem Bereich jedoch unterschiedlichste Schwierigkeiten mit entsprechenden Folgen auftreten im Hinblick auf die Teilhabe oder der persönlichen Selbstentfaltung.

Für sprachbeeinträchtigte Schüler an der Schule für Körperbehinderte spielt aus diesem Grund gerade die Förderung der kommunikativen Kompetenzen und das Gestalten kommunikativer Situationen eine zentrale Rolle.

Um Menschen, die sich lautsprachlich nicht verständlich äußern können, die Möglichkeit zu geben, sich mitzuteilen bzw. in Kommunikation zu treten, wird in Deutschland bereits seit 1990 mit dem Ansatz der Unterstützten Kommunikation gearbeitet. Unterstützte Kommunikation (abgekürzt UK) ist der deutschsprachige Ausdruck für „Augmentative and Alternative Communication" (kurz AAC). Darunter versteht man zum einen Kommunikationsformen, die als Ersatz für Sprechen bzw. Schreiben eingesetzt werden, zum anderen auch ergänzende Maßnahmen, die das Sprechen begleiten und fördern sollen (vgl. ebd., 107). Die Gruppe der Menschen, bei der Unterstützten Kommunikation zum Einsatz kommt, ist sehr heterogen. Es können sowohl motorisch als auch kognitiv eingeschränkte Menschen sein. So umfasst die Gruppe u.a. Menschen mit geistiger Behinderung, cerebralen Bewegungsstörungen oder Muskeldystrophie (vgl. ebd., 108). Um Menschen mit autistischem Syndrom kommunikative Kompetenzen zu vermitteln, wird die zum Teil umstrittene Methode FC (facilitated communication – gestützte Kommunikation) eingesetzt (vgl. BIERMANN 2005). Diese Schüler lernen durch Körperkontakt unterstütztes Schreiben am Computer oder an einer Tastatur („Schwätzbrett").

Ein Teil der Schüler, die von der Unterstützten Kommunikation profitieren, besucht die Schule für Körperbehinderte. Laut einer Befragung von sieben Schulen für Körperbehinderte in Düsseldorf beträgt der Anteil nichtsprechender Schüler 22% (vgl. ebd., 109).

Um die für den Schüler am besten geeignete Kommunikationsmöglichkeit zu finden, muss der Lehrer sowohl die kognitiven als auch motorischen Fähigkeiten genau kennen. Beim Einsatz ist auch die Kombination von zwei oder mehreren Systemen ist möglich. Ziel sollte es jedoch immer sein, eine sprachbasierte Kommunikation zu wählen, da sie den Vorteil bietet, auch von anderen Sozialpartnern verstanden zu werden. Damit die Einübung von neuen Kommunikationshilfen gelingt, ist es wichtig, sich an den Interessenwörter der Kinder zu orientieren. Um das passende unterstützende Kommunikationssystem zu finden, werden die Bedürfnisse des Schülers, die Diagnostik des Entwicklungsstandes und die derzeitigen Kommunikationsbedürfnisse sorgfältig abgewogen. Damit alle Aspekte berücksichtigt werden können, ist eine interdisziplinäre Arbeit sehr wichtig (vgl. Ministerium für Kultus, Jugend und Sport Baden Württemberg 2004, 20). Die Zusammenarbeit mit den Eltern und deren Einbeziehung in die Methode der Unterstützten Kommunikation ist entscheidend für die Kommunikation im sozialen Umfeld.

Neben körpereigenen Kommunikationsformen (z.B. Mimik, Gestik, Gebärden, Laute) kommen auch additive Kommunikationshilfen zum Einsatz. Bei ihnen wiederum unterscheidet man elektronische und nichtelektronische Hilfsmittel. Elektronische Hilfsmittel unterscheiden sich stark in ihrer Komplexität. Einfache Taster, bei denen ein zuvor aufgenommener Satz wiedergegeben wird, zählen genauso dazu wie komplexe symbolorientierte Sprachausgabegeräte (Talker).

## 5.1    Einfache Kommunikationhilfen

Trotz eingeschränkter Sprachentwicklung gibt es Menschen, die in der Lage sind, sich so zu äußern, dass sie von ihrer Umwelt gut verstanden werden können. Bei anderen ist die Störung allerdings so schwerwiegend, dass sie sich nicht verständigen können. Zu der Sprachstörung kann eine kognitive Beeinträchtigung hinzukommen, weshalb man genau abklären muss, in welchem Fall kognitive und/oder sprechmotorische Ursachen vorliegen, d.h. es gilt herauszufinden, ob sprechmotorische Ursachen die Sprachstörung bedingen oder kognitive Beeinträchtigungen ursächlich sind.

Schüler mit starken sprachlichen Einschränkungen können sich oft durch Gestik, Mimik oder Laute ausdrücken und in ihrem näheren persönlichen Umfeld verstanden werden. Diese „originäre Sprache" hat den Vorteil, dass sie ohne Hilfsmittel auskommt und überall angewendet werden kann. Außerdem gibt es auch noch zwei weitere Vorteile: Zunächst wird die originäre Sprache vom Gefühl mitbestimmt, so dass die Gefühlslage der Menschen mit einer Körperbehinderung oft an deren Mimik und Gestik abgelesen werden kann. Der zweite

Vorteil ist, dass der Schüler durch die originäre Sprache Erfahrungen in der zwischenmenschlichen Kommunikation sammeln kann, ohne sich rudimentär lautsprachlich mitteilen zu müssen. Diese Erfahrung bliebe ihnen ohne diese Art die Kommunikation ansonsten verwehrt. So lernen Kinder, mit anderen Menschen in Kontakt zu treten und bekommen entsprechende Rückmeldung von ihrem Umfeld. Dies wird als eine Voraussetzung für das Arbeiten mit Kommunikationshilfen gesehen.

Allerdings weist die originäre Sprache auch viele Nachteile auf. Zunächst ist der Kreis der Menschen, die diese Art der Kommunikation verstehen, relativ klein. In der Regel sind das Personen, die der sprachbeeinträchtigten Person am nächsten stehen (Elternhaus). Eine Person, die nicht zum engeren sozialen Umfeld gehört, kann die originäre Sprache nicht auf Anhieb oder nur rudimentär verstehen. Oft dauert es sehr lange, bis diese Personen auf Äußerungen des Kindes reagieren oder sie erkennen erst gar nicht, dass es sich äußern möchte. Doch auch nahestehenden Personen erschließt sich die Bedeutung der Äußerungen oft nicht sofort. Mehrmaliges Nachfragen ist notwendig, wenn das Kind etwas mitteilt. Missverständnisse und Fehlinterpretationen sind so unvermeidbar und führen zu Frustration.

Desweiteren bietet die originäre Sprache nur ein stark eingeschränktes „Vokabular", was bedeutet, dass es dem Kind praktisch nicht möglich ist, über verschiedene Bereiche des Lebens so zu reden wie es seinen Bedürfnissen entspricht. Die originäre Sprache ist dadurch gekennzeichnet, dass ihre Kommunikationsmöglichkeiten stark orts- und situationsgebunden sind: Wenn man beim Essen sitzt und sich das Kind äußert, ist schon zu vermuten, dass es um das Essen geht. Ein Gespräch zu beginnen, das Thema zu wechseln oder andere Menschen einzubeziehen, gelingt im Regelfall nicht.

Ein weiterer Nachteil der originären Sprache ist, dass sich der Gesprächspartner in unmittelbarer Nähe befinden muss, weil der visuelle Kontakt mit dem Partner unabdingbar ist. Die Kommunikation über einige Entfernung oder das Telefon ist nicht möglich.

Die Frage, ob bei einem Kind, das über originäre Sprache verfügt, Kommunikationshilfen eingesetzt werden sollten, stellt den Pädagogen vor eine schwierige Aufgabe. Neue Techniken müssen zunächst gefunden, eingeübt und erläutert werden. Diese Vorbereitungszeit kann für das betroffene Kind sehr anstrengend werden. Auch die Erweiterung des Wortschatzes durch Bild, Schrift oder Symbole stellt eine große Herausforderung dar. Dabei ist nicht garantiert, dass die gewählte Kommunikationshilfe dem Kind tatsächlich die notwendige Unterstützung bietet. Auch die Eltern müssen einverstanden sein und sich auf neue Kommunikationsmöglichkeiten einlassen. Allerdings dürfte es wenig Probleme bereiten, sie vom Nutzen des Einsatzes geeigneter Kommunikationsmittel zu überzeugen, eröffnet sich doch dadurch nicht nur die Chance, besser mit dem Kind kommunizieren zu können, sondern der Personenkreis, mit dem es in Kontakt treten kann, erweitert sich wesentlich.

Zum Einstieg in die Unterstützte Kommunikation werden häufig einfache Kommunikationsmittel verwendet.

Zu den einfachen Kommunikationsmitteln zählen Kommunikationsbücher oder -tafeln, Bildkarten oder Piktogramme, mit deren Hilfe sich der Schüler mitteilen kann. Ist der Schüler motorisch nicht dazu in der Lage, auf eine bestimmte Karte zu zeigen, erfolgt die Auswahl durch Abfrage in Zusammenarbeit mit der Begleitperson (Partnerscanning). Voraussetzung für diese Art der Kommunikation ist es, dass der Schüler weiß, was die Bilder symbolisieren (vgl. STÖRMER 1993, 201ff). Häufig werden anstelle von gemalten oder vereinfachten Darstellungen von Orten oder Gegenstände auch Fotos eingesetzt, weil diese deutlicher und wirklichkeitsentsprechender zu interpretieren sind und dem Schüler nur minimale Abstraktionsleistungen abverlangen (Bsp. Toilettenschüssel: ‚Ich muss aufs Klo‘). Bekannte Symbole können vom Schüler in einer Mappe gesammelt und in ein Kommunikationsbuch eingeklebt werden, damit die Übersicht über bereits erlernte Symbole nicht verloren geht („Symbolwörterbuch"). Dabei ist es sinnvoll, sich am Interessenwortschatz der Kinder zu orientieren. Durch Aneinanderreihung von verschiedenen Symbolen ist es möglich, auch einfache Sätze zu formulieren (‚Ich‘, und ‚spielen‘: ‚Ich möchte spielen‘). Dies entspricht der Infinitivsprache wie sie auch bei Menschen mit Migrationshintergrund eingesetzt wird. (Beispiel: „Du Arzt gehen") . Da es sich um sehr einfache Satzstrukturen handelt und deshalb Wörter, die wichtige Informationen beinhalten, fehlen können, besteht allerdings die Gefahr, dass der Kommunikationspartner den Inhalt des Satzes falsch oder gar nicht versteht. Um Missverständnisse beim Einsatz dieser einfachen Kommunikationsmittel zu vermeiden, ist es sinnvoll, sich zu vergewissern, dass man die Äußerung sinnentsprechend dekodiert hat. Einfache Kommunikationshilfen haben den Vorteil, dass sie sehr preiswert und einfach herzustellen sind. Aufgrund ihrer Einfachheit eigenen sie sich zum Einstieg in die Unterstützte Kommunikation. Laut einer Studie zur Effektivität von Sprachcomputern gelingt die Kommunikation mit vertrauten Personen über eine Kommunikationstafel tendenziell einfacher und schneller als mit einem Sprachcomputer (vgl. GBUR 1998, 25). Dies liegt daran, dass die vertraute Person den Menschen mit einer Sprachbeeinträchtigung so gut kennt, dass sie durch Voraussagen und Interpretationen den Gesprächsverlauf gut einschätzen kann. Auch die körperbetonte Kommunikation hilft dabei sehr.

Ungeübte oder nicht involvierte Personen müssen sich erst auf diese Kommunikation einlassen und den Schüler kennenlernen. Ein flüchtiger Kontakt zu fremden Menschen ist dabei nicht möglich. HOWARD (1986, 70) weist darauf hin, dass der Kommunikationspartner ständig aufmerksam sein muss. Gerade lange Sätze erfordern beim Einsatz einfacher Kommunikationshilfen eine hohe Gedächtnisleistung. Wenn ein Gespräch gelingen soll, muss der Gesprächspartner dazu in der Lage sein, alternative Kommunikationsformen zu verstehen (Symbole, Mimik Gestik). Um eine erfolgreiche Kommunikation zu ermöglichen müssen darüberhinaus Vorurteile gegenüber sprachbehinderten Menschen abgelegt werden. Dennoch bleibt das Problem, dass diese Signale immer mehrdeutig verstanden werden können und der Schüler nicht die Möglichkeit hat komplexe und abstrakte Begriffe mitzuteilen. Für diese Art werden andere Kommunikationshilfen benötigt.

## 5.2    Komplexe Kommunikationshilfen: Talker

Es gibt speziell für die nonverbale Kommunikation entwickelte, kompakte Sprachcomputer, die an Rollstühlen befestigt werden können. Diese Sprachausgabesysteme oder kurz „Talker" genannt, ermöglichen es sprachbehinderten Kindern, über die künstliche Lautsprache des Talkers und nicht über Symbole zu kommunizieren. Im Laufe ihrer Entwicklung finden schwer behinderte Schüler auf diese Weise Möglichkeiten der nonverbalen und lautlichen Kommunikation. So können sie häufig erfolgreich an der Kommunikation in ihrem Umfeld teilnehmen, auch wenn sie sich nur rudimentär mitteilen können. Häufig stellt es für diese Kinder eine große, mit Schwierigkeiten verbundene Umstellung dar, sich mithilfe eines Talkers auf lautsprachlicher Ebene zu äußern, da das Gerät Symbole in Lautsprache umsetzen muss. Diese lautsprachliche Kommunikation ersetzt jedoch keinesfalls vollständig die zuvor erlernten Kommunikationsformen. Direkte und spontane Reaktionen beispielsweise gelingen mit den bereits erlernten Formen genauso gut , wenn nicht sogar besser und schneller. Die lautsprachliche Kommunikation dient dazu, die Kommunikationsmöglichkeiten sprachbeeinträchtigter Schüler zu erweitern (vgl. HUBER 1990, 114ff).

Da an Kommunikationssysteme die Erwartung gestellt wird, dass für jeden Schüler, unabhängig vom Grad seiner motorischen oder kognitiven Einschränkungen, ein passendes System gefunden wird, stellt die Kommunikation über den Computer nicht die einzige Möglichkeit dar. Gerade für Schüler, die nicht in dem Maße über Schriftsprache verfügen, dass sie selbstständig einzelne Sätze bilden oder gar längere Teste verfassen können, eignen sich Sprachausgabesysteme, die lediglich das geschriebene Wort wiedergeben, nicht. Deshalb gibt es auch Sprachausgabesysteme, die nach Eingabe von Bildern oder Symbolen, Sätze zusammenstellen und schriftlich oder lautsprachlich ausgeben. Die verschiedenen Symbole auf der Oberfläche sind dabei nach Wortkategorien sortiert. Ein Beispiel für ein solches Wortcodierungssystem ist „Minspeak". Es arbeitet nach dem Prinzip der „semantischen Codierung", wobei Wörter entsprechend ihrer sprachlichen Verwandtschaft in Kategorien gruppiert werden (vgl. PRENTKE ROMRICH DEUTSCHLAND, 2011b). Der Talker kann auch von Personen, die über keine speziellen Computerkenntnisse verfügen, nach kurzer Einarbeitung problemlos programmiert werden. Mithilfe von Minspeak kann mit wenigen Auswahlschritten ein grammatisch korrekter, längerer Satz entstehen. Das zur Verfügung stehende Vokabular ist dabei auf eine bestimmte Art organisiert und kann im Laufe der Zeit an die geänderten, stetig wachsenden Bedürfnisse des Benutzers angepasst werden. Die Komplexität dieser Geräte zeigt sich darin, dass die Minspeak-Ikonensequenzen vom Benutzer auswendig gelernt und gemerkt werden müssen. Da die Symbole sich aber nicht verändern, kann man sich die einzelnen Ikonensequenzen gut einprägen und der Umgang wird automatisiert. Zur Vereinfachung für den Schüler, z.B. zum „Wiederfinden" bekannter Personen, können auch Fotos anstelle der Symbole eingefügt werden. „Diese sorgfältige Planung sorgt nachweislich dafür, dass Minspeak-Benutzer lernen können, sich möglichst vielseitig und fließend über ihren Talker zu unterhalten" (vgl. ebd., 2011b).

Diese Talker lassen sich in der Regel mit einem Touchscreen direkt bedienen, oder auch durch verschiedenste Adaptionen (Taster, Kinnmaus etc.) ansteuern. Eine virtuelle Tastatur, mit Word-Prediction-Funktion, ist in den meisten Geräten integriert, wodurch man den Talker auch als „sprechende Schreibmaschine" nutzen kann. Dank der Sprachausgabe ist Kommunikation auch dann möglich, wenn die betreffenden Personen keinen Sichtkontakt haben (z.B. Telefon) (vgl. HERRMANN. In: LELGEMANN 2003, 112). Da Lautsprache das gängige Kommunikationsmodell darstellt, ist es für die Menschen im sozialen Umfeld naturgemäß leichter, die künstliche Sprache des Talkers zu verstehen.

Einige Talkermodelle der neueren Generation lassen sich per USB-Kabel an den PC anschließen. Vom Schüler geschriebene Sätze, sei es per Minspeak oder der virtuellen Tastatur, werden direkt an den PC gesendet und dort geschrieben:

*Anna (Name geändert) nutzt ihren Talker als USB-Tastatur. Über postrohr.de (siehe Kapitel 6.0) sucht sie neue Brieffreunde, mit denen sie mithilfe des Talkers und einem entsprechenden E-Mail-Programm kommunizieren kann.*

Bevor jedoch ein komplexer Talker mit Minspeak-Codierung zum Einsatz kommt, werden oft Talker eingesetzt, die sich einfacher bedienen lassen. Auf den Tastenfeldern dieser Talker sind ebenfalls Symbole angeordnet, allerdings wird beim Drücken des Feldes nur ein zuvor aufgenommener Satz wiedergegeben. Der Nachteil dieser einfacheren Talker besteht darin, dass der Nutzer nur ein stark begrenztes Vokabular zur Verfügung hat und damit nicht im gewünschten, seinen Bedürfnissen und Vorstellungen entsprechenden Umfang kommunizieren kann. Trotzdem bieten diese Geräte eine gute Möglichkeit, den Einsatz komplexerer Systeme anzubahnen, weil sie das grundlegende Verständnis fördern, dass man durch das Antippen von Symbolen eine gewünschte Reaktion, in Form eines geschriebenen oder gesprochenen Satzes, auslösen kann.

## 5.3 Möglichkeiten und Grenzen des Talkereinsatzes

Durch die ständige Weiterentwicklung und Optimierung von Talkern eröffnen sich für Kinder und Jugendliche mit Sprach- und Sprechstörungen völlig neue, verbesserte Chancen, mit ihrer Umwelt zu kommunizieren. GBUR (1998, 20f) nennt als wichtige Neuerung, dass Betroffene einen unkomplizierten Kontakt mit Fremden aufbauen können, da sie durch die Sprachausgabe nicht mehr darauf angewiesen sind, dass ihr Gesprächspartner mit einem nicht lautsprachbasierten Kommunikationssystem umzugehen weiß. Der Schüler kann von sich aus das Gespräch beginnen, kann selbst aktiv werden und muss nicht warten, bis er angesprochen wird (vgl. NUNNER-WINKLER 1990, 7). Durch diese ständige Weiterentwicklung bieten sich für körperbehinderte Menschen vermehrt Wege aus der Isolation, weil sie damit in die Kommunikationsgemeinschaft miteinbezogen werden.

Auch im schulischen Kontext eröffnet der Talker für sprachbeeinträchtige Kinder und Jugendliche neue Möglichkeiten und Wege, sich mitzuteilen. Durch technische Möglichkeiten, seine Bedürfnisse, Wünsche, Vorstellungen, Haltungen zum Ausdruck bringen zu können, kann sich der sprachbeeinträchtigte Schüler aktiver in das Unterrichtsgeschehen einbringen. Die mit Hilfe eines Talkers verfassten Texte lassen sich von anderen am PC verfassten Schülerarbeiten nicht unterschieden. Das eigenverantwortliche Handeln motiviert den sprachbehinderten Schüler, denn er kann nun selbst tätig werden und ist nicht bzw. in weit geringerem Maße von einer Betreuungsperson abhängig. Dies führt zur Erweiterung und dem Ausbau wichtiger Schlüsselqualifikationen, wie z.B. Lernbereitschaft oder( Selbst)motivation, das Selbstbewusstsein der Kinder wird gestärkt und die Persönlichkeitsentwicklung nachhaltig beeinflusst. Dadurch, dass der Schüler an Klassengesprächen teilnehmen kann, sind seine Ausdrucksmöglichkeiten nicht mehr allein auf Ja-Nein - Fragen beschränkt, die sprachlichen Fähigkeiten werden erweitert und verbessert. Auch der Austausch über kompliziertere Themen, jenseits der Grundbedürfnisse (Hunger, Durst, Toilette), gelingt durch eine komplexe Kommunikationshilfe zunehmend besser. Der Schüler wird in die Lage versetzt, eigene Ideen und Gefühle besser transportieren zu können. „Ein differenziertes sprachliches Ausdrucksvermögen, das auch aktualisiert werden kann, ist von Bedeutung für umfassende kognitive Entwicklungsprozesse und ermöglicht den Zugang zur Welt" (HUBER 1990, 115).

Im Bereich des Schriftspracherwerbs ist es denkbar, dass Schüler neben der Sprachausgabe in Form von Graphemen, also der Wortgestalt, gleichzeitig auch die Phonemgestalt angeboten bekommen. Der Buchstaben, den man antippt, wird auch als Phonem ausgegeben. Durch diese „Parallelisierung", wie es NESTLE u.a. (in: HAMEYER 1987, 202) nennt, können Schüler ein Wort beliebig oft hören und sich den Klang einprägen, was zum besseren Verständnis der Graphem-Phonem-Korrespondenz beiträgt. Auch die Synthese der Buchstaben wird durch das schrittweise Hinzufügen einzelner Buchstaben zu einem Wort veranschaulicht.

Werden Computer als Kommunikationshilfe im Bereich der Unterstützten Kommunikation genutzt, verfolgt man damit bestimmte Ziele (vgl. SHANE 1986, 36): Als erstes erfährt der Betroffene bessere Interaktionsmöglichkeiten. Er kann mit der Kommunikationshilfe seine Meinung äußern, Gefühle und Bedürfnisse mitteilen oder andere Menschen um Hilfe bitten, wodurch die soziale und berufliche Teilhabe eher ermöglicht wird. Im schulischen Kontext denke man z.B. an das Äußern der eigenen Meinung, Kommentieren von Unterrichtsbeiträgen der Mitschüler, Beantworten von Lehrerfragen, die Zusammenarbeit mit Schülern und vieles mehr. Eine Kommunikationshilfe ermöglicht bzw. erleichtert die aktive Teilnahme am Unterrichtsgeschehen.

Ein weiteres Ziel des Einsatzes komplexer Kommunikationshilfen ist die Verringerung der Diskrepanz zwischen Kommunikationsbedürfnis und Kommunikationsfähigkeit sprachbehinderter Menschen. Dadurch, dass der Betroffene über mehr Ausdrucksmöglichkeiten verfügt, kann diese Kluft verringert werden. Durch den Einsatz von Talkern wird die allgemeine Sprachentwicklung des Schülers gefördert, denn er kann durch seinen erweiterten Wortschatz und sein Verfügen über komplexere Satzstrukturen seine Kommunikationsfähigkeit erweitern. Ebenso kann der Schüler besser verstanden werden. Dies wird dadurch positiv beeinflusst, dass die Sprachausgabe des Talkers dem Betroffenen immer wieder die korrekte Aussprache von Wörtern vorgibt. All dies führt bei sprachgeschädigten Menschen zu einer wesentlichen Verbesserung der Lebensqualität, der Stärkung des Selbstbewusstseins und den Abbau von Frustrationen, die durch negative Kommunikationserfahrungen entstanden sind.

Trotz aller Möglichkeiten, die der Talker den Schülern an der Schule für Körperbehinderte eröffnet, sind seinem Einsatz auch Grenzen gesetzt. Einfache Sprachausgabesysteme, die ohne Wortcodierungsstrategie arbeiten, bei denen jedes Wort Buchstabe für Buchstabe geschrieben werden muss, können Schülern große Schwierigkeiten bereiten. Die Wörter müssen erst zusammengesetzt werden, was viel Zeit in Anspruch nimmt und je nach Eingabemethode auch eine motorische Herausforderung darstellen kann. Dadurch ermüdet der Schüler schnell. Bei der Vielzahl an Möglichkeiten, die der Computer bietet, sollte man die Möglichkeiten der tatsächlich sinnvollen und für die Schüler gewinnbringenden Einsatzmöglichkeiten komplexer Kommunikationshilfen nicht überschätzen. Zwischen nicht behinderten Menschen verläuft die Kommunikation nicht nur verbal, sondern auch durch den Gesichtsausdruck (vgl. SPECK 1984, 82). Selbst eine optimale Anpassung des Hilfsmittels kann dies nicht realisieren. Auch die Körperhaltung oder die Mimik und Gestik der Kommunikationspartner kann der Talker nicht verdeutlichen. Desweiteren wirkt es sich störend auf den Kommunikationsfluss aus, wenn der Gesprächspartner in einem Gespräch allzu lang auf die Antwort des Gegenübers warten muss. Die Verzögerung entsteht durch die teilweise zeitaufwendige Bedienung des Hilfsmittels bzw. zeitraubende Texteingabe. Für einen reibungslosen Gesprächsverlauf ist dies keineswegs förderlich, kann es doch zur einer Verunsicherung oder Frustration des Gesprächspartners führen. Die, durch motorische Beeinträchtigungen bedingte, ungewöhnliche Mimik vieler körperbehinderter Menschen verunsichert Gesprächspartner möglicherweise zusätzlich.

Die auf die spezifischen Bedürfnisse des Schülers abgestimmte Auswahl des Talkers erfordert eine genaue Abwägung der kognitiven und motorischen Fähigkeiten des potentiellen Nutzers. Der Umgang mit dem Sprachausgabesystem muss erst gelernt werden. Gerade komplexere Codierungssysteme, wie Minspeak, erfordern ein gutes Sprachverständnis, eine ausreichende visuelle Speicherfähigkeit und setzen Kompetenzen in der visuelle Wahrnehmung voraus (vgl. HUBER 1990, 114). Besteht die Gefahr, dass der Talker einen Schüler zu überfordern scheint, muss ein anderes, einfacher strukturiertes Kommunikationsmittel in Erwägung gezogen und individuell an die Bedürfnisse des Schülers angepasst werden. Eine große Sensibilität für die individuelle Situation der sprachbeeinträchtigten Person ist hierbei notwendig. Individuelle Wünsche und Vorlieben des Schülers müssen in den Entscheidungsprozess einbezogen werden. Wird das Kommunikationsgerät nicht optimal an den Schüler angepasst, so wird dieser das System nicht akzeptieren und adäquat bedienen, was zu Frustration, Resignation oder anderen Schwierigkeiten führen kann. Auf Lehrerseite sind die häufigsten Ursachen für Probleme, die im Umgang mit dieser Art von Hilfsmitteln entstehen, ein Mangel an fachlichem Wissen und an Zeit, die z.B. zur Programmierung der Sprachcomputer oder für einfache Reparaturarbeiten zur Verfügung steht.

STÖRMER (1993, 223) weist auf weitere Schwierigkeiten hin, die sich beim Talkereinsatz bei schwer Körperbehinderten ergeben können. Schwer körperbehinderte Menschen, die Zeit ihres Lebens versorgt werden müssen, verlernen oft, eigene Bedürfnisse wahrzunehmen und zu artikulieren. Sie haben die Erfahrung gemacht, dass auch ohne ihr Eingreifen alles seinen geregelten Gang nimmt. An diesem Umstand kann eine Kommunikation trotz Talker scheitern. Außerdem beeinflussen die durch den Talker neu erworbenen Artikulationsfähigkeiten die Beziehung zwischen pflegender und betroffener Person. Bemerkt der Schüler, dass seine Wünsche auf andere Menschen in irgendeiner Art belastend oder lästig wirken, wird er die Kommunikation einstellen.

Zusammenfassend lässt sich sagen, dass der Talker für kontaktfreudige Schüler, die ein großes Mitteilungsbedürfnis haben und über ein relativ gutes Sprachverständnis verfügen, tatsächlich zahlreiche Möglichkeiten der verbesserten, erweiterten Kommunikation bietet. Allerdings ist und bleibt der Talker „eine Ergänzung, nicht jedoch ein Ersatz für alternative Kommunikationsmöglichkeiten, vor allem nicht der non-verbalen Ausdrucksmittel" (HUBER 1990, 99).

# 6.0 Brieffreundeportal *postrohr.de*

## 6.1 Kommunikation im Web

Längst hat das Internet Radio und Fernsehen aus ihrer dominierenden Rolle als Kommunikations- und Informationsträger verdrängt und sich in einer beispiellosen Geschwindigkeit zum gesellschaftlichen Leitmedium entwickelt (vgl. DITTLER 2008, 49). Gerade in der Lebenswelt von Kindern und Jugendlichen nimmt es heute eine zentrale Stellung ein. Laut einer Umfrage der sozialen Netzwerke der VZ-Gruppe nutzen über 90% der Jugendlichen täglich das Internet als soziale Kommunikationsplattform (vgl. Heise online 2010). Seien es E-Mail-Kontakte, Beiträge in Foren, Chaträume oder soziale Netzwerkkontakte: „ ... es ist ein klarer Trend zur internetbasierten Kommunikation zu erkennen" (ebd., 7). Viele Jugendliche treten als Teil von virtuellen Communities in Erscheinung. Das Internet wird zum „social place". Aktuelle Zahlen belegen, dass mittlerweile 95% der Haushalte, in denen Zwölf- bis 19- Jährige aufwachsen, einen Internetzugang haben. Die Hälfte der Internetnutzer kommuniziert über dieses Medium mit anderen. Steckbriefe mit persönlichem Inhalt, Fotos und Videos können eingestellt, Blogs geführt, Freundschaftslisten erstellt werden oder man nutzt Internettelefonie, um in Kontakt mit Gesprächspartnern im Ausland zu treten. Das Internet eröffnet Kindern und Jugendlichen die Möglichkeit, sich auch nach der Schulzeit untereinander einfach und schnell mit Mitschülern oder auch Lehrern auszutauschen, alte Beziehungen zu pflegen oder neue Kontakte zu schaffen. Zusätzlich steigt das Angebot an möglichen Kommunikationsformen und sozialen Netzwerken ständig.

Bei allen Vorzügen, die das moderne Medium Internet bietet, dürfen jedoch keinesfalls die Risiken und Gefahren der unterschiedlichen Arten der Kommunikation im Internet unterschätzt werden. Die Nutzung digitaler Medien birgt viele Risiken für den Nutzer in sich, welche in der Schule thematisiert werden müssen. Ebenso wichtig in diesem Zusammenhang ist es, über die Themen Medienkonsum, -abhängigkeit und -sucht zu reden. Im Folgenden erfolgt ein kurzer Überblick über mögliche Gefahren und Risiken bei der Nutzung des Internets (vgl. DITTLER 2008, 42):

Eine große Gefahr für Kinder und Jugendliche besteht darin, dass sie durch ungeeignete Inhalte (Content), auf die man als Internetnutzer immer wieder trifft, negativ beeinflusst werden. Dazu zählen pornographische, gewalttätige oder rassistische Texte oder Bilder. Diese Inhalte sind allerdings auf vielen öffentlichen Seiten (Facebook, Youtube etc.) gesperrt.

Zusätzlich können Jugendschutzfilter, die man auf dem PC installieren kann, helfen, diese ungeeigneten Inhalte zu blockieren. Weiterhin besteht im Internet bzw. bei der internetbasierten Kommunikation das Risiko von Beleidigungen oder Bedrohungen bis hin zu sexuellen Belästigungen oder der Ausspähung von persönlichen Daten. Diese „riskante Kommunikation" (Contact), wie sie von Experten benannt wird, betrifft vor allem Jugendliche. Beim ‚Cyperbullying' oder ‚Cybermobbing' handelt es sich um eine neue Form des Mobbing, wo Täter das Internet nutzen, um in sozialen Netzwerken, Communities oder Chatrooms ihre Opfer zu beleidigen, einzuschüchtern, zu schikanieren oder bloßzustellen. Desweiteren lauern im Internet versteckte Kostenfallen (Commerce). Diese sind auf den ersten Blick nicht immer sofort zu erkennen: Beim Herunterladen von Gratisangeboten im Netz besteht jedoch die Gefahr, dass man in eine sog. „Abofalle" tappt und unerwünscht kostenpflichtige Zeitschriften oder Magazine erhält.

Viren, Trojaner oder Würmer verbreiten sich u.a. durch E-Mail-Verkehr, oder beim Datenaustausch. Betroffene Rechner können auf diese Weise ferngesteuert werden, im schlimmsten Fall kommt es zur Löschung sämtlicher Daten auf dem Rechner. Im Bereich des online-banking gibt es das Phishing, worunter man das Ausspähen von persönlichen Daten versteht.

Es ist deshalb unerlässlich, dass die Schule über das Gefahrenpotential im Internet aufklärt, wobei im E-Mail-Verkehr und in sozialen Netzwerken besonders über einen verantwortungsvollen Umgang mit der Freigabe von persönlichen Daten aufgeklärt werden muss. Nicht außer Acht zu lassen ist auch der Gesichtspunkt der Abhängigkeit. Auf viele Kinder und Jugendliche übt die virtuelle Welt eine ungeheure Faszination aus, das Internet wird zum „besten Freund" und die Gefahr, in die Sucht abzurutschen, darf nicht unterschätzt und muss deshalb im Medienunterricht thematisiert werden.


Trotz aller Gefahren und Risiken eröffnet das Internet eine Vielzahl an Chancen und Möglichkeiten, die aus unserer heutigen Gesellschaft im Hinblick auf eine moderne, zeitgemäße Lebensgestaltung nicht mehr wegzudenken sind. Medial vermittelte Kommunikation kann Beziehungen aufrecht erhalten und den Freundeskreis fast rund um die Uhr verfügbar erscheinen lassen. Gerade für Menschen mit Behinderungen erleichtert diese Form der Kommunikation die Teilnahme am sozialen, beruflichen und kulturellen Leben enorm (vgl. HOJAS 2004). Laut einer Umfrage der Aktion „Internet ohne Barrieren" des Bundesministeriums für Wirtschaft und Technologie nutzen behinderte Menschen das

Internet sogar häufiger als Nichtbehinderte (vgl. SCHMITZ 2002). Damit leistet der Computer einen wichtigen Beitrag zur Förderung der selbstständigen Lebensführung körperbehinderter Menschen und seine Rolle als Medium, behinderten Menschen die soziale Teilhabe zu ermöglichen, darf nicht unterschätzt werden.

Häufig jedoch stößt diese Nutzergruppe auf Hindernisse, die das Surfen im Internet erschweren. Eine komplizierte Ausdrucksweise, zu kleine Schriftgröße, unüberschaubare Gestaltung bzw. Navigation oder eine häufig fehlende Kompatibilität der Internetseiten mit Hilfsprogrammen sind nur einige Beispiele, die behinderten Menschen das Zurechtfinden im Internet erschweren. „Obwohl Menschen mit Behinderungen wesentlich häufiger im Netz sind als Nichtbehinderte, gibt es immer noch (zu) viele technische und gestalterische Barrieren" (ebd. 2002).

Dabei bietet gerade das Internet für Kinder und Jugendliche, die sich nicht lautsprachlich äußern können, eine gute Möglichkeit, Verständigungsbarrieren abzubauen und neue Kontakte außerhalb ihres gewohnten Bekanntenkreises zu knüpfen. Leider sind nur wenige Seiten im Netz für die Bedienung durch geistig-, oder motorisch eingeschränkte Personen ausgelegt.

### 6.2    Konzeption und Zielsetzung des Projektes *postrohr.de*

Im Rahmen dieser wissenschaftlichen Studie entwickelte ich eine Internetplattform, die körperbehinderten Kindern und Jugendlichen durch die barrierefreie Konzeption die Kommunikation über das Internet erleichtert. Grundidee der Webseite ist ein Brieffreundschaftsportal, mit dessen Hilfe körperbehinderte Schüler neue Kontaktpersonen finden und per E-Mail anschreiben können. Die Internetseite ist unter der Adresse www.postrohr.de zu erreichen und entstand in enger Zusammenarbeit mit Lehrern und Schülern verschiedener Schulen für Körperbehinderte. Nach der kostenlosen Anmeldung bei *postrohr* kann man sich aus einer Liste von Mitgliedern eine Person heraussuchen, mit der man gerne Kontakt aufnehmen würde. Dies alles geschieht direkt über die Internetseite. Die Antwort dieser Person erhält man direkt in sein eigenes E-Mail-Postfach, welches bei der Anmeldung angegeben werden muss. Der Kontakt basiert also in erster Linie auf dem E-Mailverkehr.

Das Konzept von *postrohr* enthält zwei verschiedene Aspekte:

Der erste Aspekt ist die Kontaktaufnahme mit anderen Menschen. Diese erfolgt, wie bereits erwähnt, direkt über die Internetseite, die durch eine übersichtliche und einfache Navigation, eine einheitliche Gestaltung mit großer Schrift und in einfacher Sprache von Menschen mit Behinderung einfacher zu nutzen ist als andere Brieffreundschaftsportale bzw. soziale Netzwerke. Diese barrierefreie Konzeption erleichtert die Bedienung der Seite.

Der andere Aspekt ist der E-Mailkontakt, der durch *postrohr* realisiert wird. Die Nutzer diskutieren nicht öffentlich (wie in anderen sozialen Netzwerken), sondern es stehen jeweils zwei Partner in Kontakt. DITTLER (2008, 211) nennt das die „individuelle Kommunikation im Web". Zum Schreiben und Empfangen von E-Mails gibt es verschiedene Hilfsprogramme für körperbehinderte Schüler. Angefangen vom bereits erwähnten Screenreader, der dem Schüler die E-Mails vorliest, bis hin zu alternativen Ansteuerungsmöglichkeiten durch das Hilfsprogramm SAW. Cedric (siehe Kapitel 4.4) nutzt beispielsweise das E-Mailprogramm Thunderbird, einen Screenreader und seine spezielle SAW-Oberfläche zum Verfassen und Empfangen von E-Mails.

So trägt das Internetportal *postrohr* zur Chancengleichheit von Behinderten bei und bietet ihnen auf unkomplizierte Weise die Chance, mit anderen Menschen über das Internet in Kontakt zu treten und mit ihnen zu kommunizieren. Die Chancen der sozialen Teilhabe und die Möglichkeiten, einer altersgemäßen Beschäftigung nachzugehen, erhöhen sich dadurch. Da *postrohr* von Menschen mit und ohne Einschränkungen gleichermaßen genutzt werden soll, bietet das Internetportal wechselseitige Begegnungsmöglichkeiten und trägt zur sozialen und gesellschaftlichen Inklusion, zu einem selbstverständlichen Umgang von behinderten und nichtbehinderten Menschen, bei. Auch die oft fehlenden Kontakte zu altersgleichen Peers wird durch die Plattform erleichtert, was wiederum der Gefahr der sozialen Isolation entgegenwirkt.

Durch die einfache Konzeption, auf der *postrohr* aufbaut, wird vielen körperbehinderten Schülern die Möglichkeit gegeben, die Internetseite alleine und ohne fremde Hilfe zu steuern. Für die Entwicklung des Selbstbewusstseins und der Selbstständigkeit bedeutet dies eine sehr wichtige Erfahrung. „Jugendliche verfügen - gerade unter Einschluss technischer Hilfen - heute früher über Möglichkeiten, ein 'eigenes' Leben zu führen: Der Zugewinn an Selbstständigkeit sowie an Wissen schafft Gestaltungsspielräume und Wahlmöglichkeiten.

Technik und Medien stützen Prozesse der 'Selbstsozialisation', der 'Selbstbildung' sowie den Autonomie- und Kompetenzerwerb der Heranwachsenden" (TULLY in SCHELHOWE 2007,17).

Doch nicht nur die Selbstständigkeit wird gefördert. Der Schüler soll durch *postrohr* dazu motiviert werden, neue soziale Kontakte zu knüpfen und sich dadurch mit Menschen, die möglicherweise ähnliche Interessen haben oder deren Lebensumstände den eigenen ähneln, austauschen. Mit den neu gewonnenen Brieffreunden kann man auch über Themen reden, die man nicht mit den Eltern, Lehrern oder anderen Erwachsenen diskutieren möchte. Der Kontakt mit nicht behinderten Menschen fördert das gegenseitige Verständnis und trägt - ganz im Sinne der UN-Konvention - zur Inklusion bei. Eine ganze Palette neuer Handlungs- und Erfahrungsfelder bietet sich hier.

## 6.3    Durchführung

### 6.3.1  *Planung und Gestaltung der Internetseite*
Die Erfahrungen aus meiner Zivildienstzeit an einer Schule für Körperbehinderte in dienstlichem und privatem Umgang mit körperbehinderten Jugendlichen haben mich dazu bewogen, dieses Thema wissenschaftlich zu bearbeiten. Während meiner Studienzeit konkretisierte sich der Wunsch, (körperbehinderten) jungen Menschen die Möglichkeit zu eröffnen, mit anderen Menschen außerhalb ihres persönlichen Umfeldes in Kontakt zu treten und Erfahrungen auszutauschen. Dies führte schließlich zur Konzeption von *postrohr.*

Zu Beginn meiner Planung des Web-Auftrittes gab es zahlreiche Vorüberlegungen zur Konzeption der Internetseite. Es mussten grundsätzliche Entscheidungen getroffen werden hinsichtlich Zielgruppe, Intention, Inhalt und Struktur sowie grafischer Umsetzung. Zur Zielgruppe von *postrohr* zählen Kinder und Jugendliche mit oder ohne einer (körperlichen) Behinderung. Oberstes Gebot war die Barrierefreiheit der Seite, das heißt, das Web-Angebot muss, unabhängig von den Beeinträchtigungen der jungen Menschen, möglichst einfach zu bedienen sein.
Um diese Barrierefreiheit zu realisieren, ging ich in der Anfangsphase meiner Planung der Frage nach, wie körperbehinderte Schüler den PC ansteuern und wie, als Folge dessen, eine Internetseite aufgebaut sein muss, damit sie möglichst leicht von dieser Zielgruppe bedient werden kann. Um mir einen genauen Eindruck über Probleme, Notwendigkeiten und Handlungsmöglichkeiten zu verschaffen, hospitierte ich in zwei verschiedenen Schulen für

Körperbehinderte: In der Ludwig-Guttmann-Schule in Karlsbad-Langensteinbach und in der Gustav-Heinemann-Schule in Pforzheim. So kam ich in Klassen, in denen mit dem PC gearbeitet wird, mit den verantwortlichen Klassen- und Fachlehrern K ins Gespräch. Die Vorstellung, eine Internetplattform zu entwickeln, die auch von Schülern mit motorischen Beeinträchtigungen gut bedient werden kann, nahm relativ schnell konkrete Gestalt an. Im Anschluss an die Hospitationen befasste ich mich mit der Umsetzung dieser Idee. Während der gesamten Planungs- und Gestaltungsphase hielt ich ständig Rücksprache mit den Lehrern der Schulen, um eine Rückmeldung für meine Vorstellungen zu erhalten und somit die Seite immer weiter zu optimieren, so dass sie am Ende von möglichst vielen körperbehinderten Schülern so selbstständig wie möglich bedient werden kann.

In einem nächsten Schritt erarbeitete ich den Inhalt der Seite: Die Grundidee ist ein Brieffreundeportal. Nach dem Anmeldevorgang hat der Nutzer Zugriff auf eine Liste potentieller Brieffreunde, die man direkt über *postrohr* per E-Mail kontaktieren kann. Der Inhalt ist so einfach wie möglich gehalten und durch eine einfache, klare, leicht verständliche Sprache gekennzeichnet. Bei der Umsetzung galt es, diese Vorgaben stets zu berücksichtigen. Die einfache Bedienbarkeit und der auf ein Minimum reduzierte, leicht verständliche Text macht das Besondere der Internetseite *postrohr* aus: Bereits auf der Startseite von *postrohr* zeigt sich die einfache Gestaltung des Internetportals, die sich auf das Wesentliche beschränkt. Die wichtigen Elemente auf der Seite sind groß und deutlich auf den ersten Blick zu erkennen. Graphische Mittel, wie Farben oder Unterlegungen, werden bewusst zur Verdeutlichung des Inhaltes genutzt. Auf der Startseite erkennt man beispielsweise auf der linken Seite des Bildschirms den Anmeldebereich, auf der rechten Seite findet sich eine Verlinkung zum Anmeldebereich der Seite.

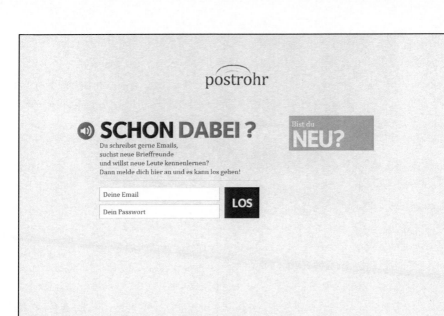

Start- und Übersichtsseite von *postrohr*

Dieses einfach gehaltene, zweigeteilte Prinzip zieht sich durch alle Unterseiten: Auf der linken Seite findet sich der Hauptbereich, in dem der Inhalt der Seite dargestellt wird, auf der rechten Seite die Navigation. Um eine gute Lesbarkeit und Übersichtlichkeit zu gewährleisten, wurde viel Wert auf eine Typografie gelegt, die auch von Leseanfängern leicht gelesen werden kann. Eine relativ große Schriftgröße von mindestens 19 pt, sowie farblich hervorgehobene, große Navigationselemente ermöglichen nicht nur die bessere Lesbarkeit, sondern auch die problemlose Maussteuerung. Schülern, die im Umgang mit der Maus nicht geübt sind, oder mit Adaptionen arbeiten, wird das Ansteuern und Anklicken der Buttons dadurch sehr erleichtert. Fährt der Nutzer mit der Maus über einen Navigationspunkt, wird dieser farblich hervorgehoben. Durch diesen visuellen Effekt kann man problemlos erkennen, wann die Maus auf dem Feld angekommen ist und man klicken kann. Auch die speziellen Bedürfnisse der Kinder und Jugendliche, die aus unterschiedlichsten Gründen gar nicht oder nur schlecht lesen können, wurden bei der Planung berücksichtigt. Auf *postrohr* können alle wichtigen Texte in sprachlicher Form und ohne weiteres Hilfsprogramm ausgegeben werden. Die Texte, die ich im Vorfeld aufnahm, werden durch einen Klick auf das Lautsprechersymbol am linken Bildschirmrand vorgelesen. Wenn der Cursor über einen Navigationspunkt fährt, wird nach einer kurzen Wartezeit erklärt, wohin der Link führt. Durch diese auditive Unterstützung gelingt die Orientierung auf der Seite leichter.

Kurze Einführungstexte auf jeder Unterseite unterstützen den Nutzer bei der Bedienung der Seite. Die kurzen Texte sind in einfacher Sprache geschrieben und übersichtlich angeordnet. Dabei wurden die Leseleichtkriterien von FÜSSENICH (in: GENUNEIT 1998, 151) berücksichtigt. Der leere Bildschirmbereich nimmt einen relativ großen Teil der genutzten Flächen ein, wodurch die Seite nicht überladen wirkt. Dadurch kann sich der Nutzer besser auf das Wesentliche konzentrieren. Die Überschriften sind kurz und prägnant formuliert und zeigen an, auf welcher Seite man sich befindet.

Wie schon erwähnt, lässt sich das Internetportal *postrohr* aufgrund seiner barrierefreien Gestaltung besser steuern als viele andere Internetseiten. Neben einer alternativen Maussteuerung mithilfe von Adaptionen, gibt es auch die Möglichkeit, *postrohr* mithilfe der Tabulatortaste der Tastatur zu steuern. Beim Drücken dieser Taste springt die Mausauswahl auf der Internetseite direkt zum nächsten Eingabefeld (bzw. Link). Das Internetportal ist so konzipiert, dass der Nutzer, bei einem Eingabefeld angekommen, direkt mit der Texteingabe beginnen kann. Dies erspart einen Mausklick und macht die Seite kompatibler mit Hilfsprogrammen. Auch wenn man die Startseite von *postrohr* aufruft, springt der Cursor direkt in das Eingabefeld und man kann sich anmelden. Eine Mauszeigerbewegung, die dem Schüler aufgrund motorischer Beeinträchtigungen möglicherweise schwer fällt, wird dadurch überflüssig.

Nach der ersten Anmeldung bleibt der Besucher so lange angemeldet bis er sich wieder auf der Übersichtsseite abmeldet. Bei einem erneuten Besuch auf *postrohr* wird dieser direkt zu der Übersichtsseite weitergeleitet. Das bedeutet, wenn nur ein Nutzer eines PCs *postrohr* bedient, erspart er sich den Anmeldevorgang auf der Startseite, was wiederum eine große Erleichterung für bewegungsbeeinträchtigte Schüler darstellt.

Die zentrale Seite von *postrohr* ist die Übersichtsseite. Dort findet man andere angemeldeten Nutzer, die in einer Liste untereinander aufgeführt werden. Die wichtigsten Informationen, wie z.B. Name, Alter und Herkunft, werden, sofern vom Nutzer angegeben, hier gezeigt. Wenn man die Maus über ein Nutzerprofil führt, wird dieses graphisch hervorgehoben, was die Steuerung mit der Maus erleichtert. Klickt man nun eine dieser Profile/Personen an, kann man demjenigen direkt eine Nachricht zukommen lassen.

Um möglichen Datenmissbrauch bei *postrohr*, vorzubeugen bzw. nach Möglichkeit ganz auszuschließen, legte ich bei der Entwicklung des Portals sehr großen Wert auf den Schutz persönlicher Daten. Der Nutzer kann von vornherein nur begrenzte persönliche Angaben machen. Darüber hinaus ist der Nachname für andere Nutzer auf der Übersichtsseite nur in abgekürzter Form zu sehen. Auch die E-Mail-Adressen der Benutzer von *postrohr* sind nicht von der Internetseite her einzusehen, sondern werden von der Datenbank hinter *postrohr,* welche auch die E-Mail-Versendung organisiert verwaltet.

### 6.3.2 Testphase

Nachdem der Erstellung der ersten Version von *postrohr* war es mir wichtig, alle Funktionen ausreichend zu testen, bevor ich Nutzer zu einer ersten Erprobung einlud. Dabei unterstützen mich einige Kommilitonen und Bekannte, die sich anmeldeten, um alle Funktionen zu testen. Ihre Rückmeldungen bezüglich der Handhabung, Übersichtlichkeit und Bedienbarkeit der Seite wurden in die weiteren Überlegungen zur Ausgestaltung und Optimierung miteinbezogen. Erst im Anschluss daran wendete ich mich an die zwei Schüler der bereits genannten Schulen, mit der Bitte, mir eine Rückmeldung und eventuell Verbesserungsvorschläge zu *postrohr* zukommen zu lassen. Danach besuchte ich die körperbehinderten Schüler, um mir ein Bild zu machen, wie sie mit der Seite zurechtkommen und welche Probleme bei der praktischen Umsetzung auftreten. Auf die Idee, zusätzlich eine

Sprachausgabe bei *postrohr* einzurichten, kam ich z.B. durch einen Schüler, der nicht bzw. nur sehr schlecht lesen kann. Weitere Verbesserungsvorschläge, wie z.B. der Wunsch nach einer größeren Schrift und einfacheren Texten, wurden als wichtige Anregung aufgegriffen und umgesetzt.

Einige Schüler nahmen über *postrohr* Kontakt zu Mitschülern der Nachbarklasse auf. Dieser Kontakt existiert bis heute. Nachdem diese ersten Erfahrungen so überaus positiv verliefen, ging es jetzt in einem weiteren Schritt darum, noch mehr Benutzer für das neue Internetportal *postrohr* zu gewinnen.

### 6.3.3 Mitgliederwerbung

Um *postrohr* möglichst vielen Schülern bekannt und vertraut zu machen, verfasste ich ein Informationsschreiben mit Flyer, das ich an die Schulen, die der „Landesarbeitsgemeinschaft der Schulen für Körperbehinderte mit Berufsschulstufe in Baden-Württemberg" angehören, schickte, da ich in dieser Klassenstufe die meisten Interessenten vermutete.

| | |
|---|---|
| August-Hermann-Werner-Schule, Markgröningen | Friedrich-von-Bodelschwingh-Schule, Ulm |
| Camphill-Schulgemeinschaften Bodensee, Heiligenberg | Konrad-Biesalski-Schule, Wört |
| Christy-Brown-Schule, Villingen-Schwenningen | Körperbehindertenzentrum Oberschwaben, Weingarten |
| Dreifürstensteinschule. Mössingen | Ludwig-Guttmann-Schule, Karlsbad-Langensteinbach |
| Esther-Weber-Schule, Emmendingen-Wasser | Schule für Körperbehinderte Stuttgart, Stuttgart-Vaihingen |
| Gustav-Heinemann-Schule, Pforzheim | |
| Martinsschule, Ladenburg | Schwarzbachschule, Schwarzach |
| Rohräckerschule, Esslingen | Stephen-Hawking-Schule, Neckargmünd |

Das Schreiben, in Form einer E-Mail, beinhaltete eine kurze Beschreibung des Projekts verbunden mit der Bitte, es an entsprechende Lehrer weiterzuleiten. Der Flyer im Anhang konnte ausgedruckt aufgehängt oder an Schüler weitergegeben werden. Zusätzlich zu den E-Mails an die Schulen wies ich in verschiedenen Internetforen auf *postrohr* hin, u. a. auch im Forum für Computergestütztes Lernen und Unterstützte Kommunikation für Schülerinnen und Schüler mit einer körperlichen/geistigen Behinderung (http://www.cluks-forum-bw.de/), dessen Nutzer mir ebenfalls ein positives Feedback gaben.

## 6.4 Erste Erfahrungen mit *postrohr* und Erwartungen für die Zukunft

In dem relativ kurzen Zeitraum von wenigen Wochen seit *postrohr* mittlerweile online ist, gab es zahlreiche positive Feedbacks zu dem Projekt. Sowohl die Lehrer als auch die Schüler und Eltern, zu denen ich Kontakt habe, reagieren sehr positiv auf *postrohr* und unterstützen das Projekt auf vielfältige Weise, z.B. indem sie mir Verbesserungsvorschläge zur Gestaltung der Seite unterbreiten, Rückmeldung über die positiven Reaktionen ihrer Kinder auf *postrohr* schildern, Ratschläge im allgemeinen Umgang mit dem PC erbitten oder mich einfach zur Weiterarbeit an diesem Projekt ermuntern. Vor allem Eltern, die mit mir in E-Mailkontakt stehen, schätzen es sehr, dass soziale Netzwerke in dieser oder ähnlich reduzierter Form an die besonderen Bedürfnisse ihrer körperbehinderten Kinder angepasst werden und die jungen Menschen Nutzen daraus ziehen können.

Die *postrohr*- Internetseite ist ein Beispiel dafür, wie die Bedienbarkeit des Computers und die Gestaltung der Internetseite den besonderen Bedürfnissen körperbehinderter Menschen individuell entwickelt und angepasst werden können. Der Wunsch, körperbehinderten Kindern die Möglichkeit zu eröffnen, mit anderen Menschen außerhalb ihres persönlichen Umfeldes in Kontakt zu treten und Erfahrungen auszutauschen, motivierte mich, *postrohr* zu konzipieren.

Die zahlreichen positiven Rückmeldungen, die mich inzwischen erreicht haben, bestätigen die Themenwahl der vorliegenden Arbeit und die Bedeutung dieser Möglichkeit zur vertieften Teilhabe nachdrücklich. Es hat mich sehr überrascht, zu erfahren, welche Dynamik sich entwickeln kann, wenn man die Wünsche und Anregungen von Lehrern und Schülern aufgreift und versucht, diese direkt in die Praxis umzusetzen. Überaus beeindruckend für mich war es, eine Schülerin dabei zu beobachten, mit welcher Freude und Begeisterung sie auf der *postrohr*- Seite nach möglichen Brieffreunden suchte und ich diese neue Erfahrung für sie möglich machen konnte. In beiden Klassen mit körperbehinderten Schülern, in denen ich das Portal persönlich vorstellte, ist *postrohr* ein fester Bestandteil des Unterrichts geworden. Einmal in der Woche rufen die Schüler in einem Deutschprojekt die E-Mails ihrer Brieffreunde ab und kontaktieren weitere Jugendliche über das Internetportal. Die Arbeit am PC macht den Schülern viel Spaß, gleichzeitig üben sie das Schreiben mit der Tastatur/den Adaptionen und den allgemeinen Umgang damit.

Obwohl die Komplexität von *postrohr* auf ein Minimum reduziert wurde, stellt die Benutzung der Seite und das Schreiben von E-Mails je nach Adaptionen und Eingabemöglichkeiten immer noch eine große Herausforderung für schwer körperbehinderte Schüler dar. Eine interessante Weiterentwicklung dieses Projekt wäre das Entwickeln einer noch einfacheren, modifizierten Version von *postrohr*, um auch gerade dieser Zielgruppe solche positiven Erfahrungen nicht vorzuenthalten. Die Rückmeldung, die ich vor kurzem von einem Fachlehrer der Gustav-Heinemann-Schule in Pforzheim erhielt, lässt mich hoffen, dass diese Idee vielleicht in nicht allzu ferner Zukunft schon realisiert werden könnte: Dieser Lehrer strebt an, in seiner Klasse schwerstmehrfachbehinderten Schülern die Möglichkeit zu eröffnen, neue Kontakte mit Menschen via Internet knüpfen und pflegen zu können. Auch mit ihm stehe ich jetzt in regelmäßigem Kontakt, um ihn bei seinem Vorhaben zu unterstützen. Insbesondere für schwerstmehrfachbehinderte junge Menschen bietet die Plattform Anreiz und Bestätigung für die verstärkte Einbeziehung in soziale Bezüge.

Trotz der zahlreichen positiven Erfahrungen und ermutigenden Rückmeldungen zu *postrohr* sollte man sich dessen bewusst sein, dass virtuelle Brieffreundschaften zwar eine wertvolle Bereicherung im Leben behinderter (und nichtbehinderter) Menschen darstellen können, jedoch eine persönliche Beziehung nicht ersetzen können. Allerdings sollte man nie das Ziel aus dem Auge verlieren, mit *postrohr* persönliche Beziehungen anzubahnen und zu pflegen.

Für mich war die Auseinandersetzung mit der Problematik des Computereinsatzes an der Schule für Körperbehinderte sehr gewinnbringend; besonders interessant und wichtig war die Planung und praktische Umsetzung des Internetportals. Die enge Zusammenarbeit mit Schülern und Lehrern und die Möglichkeit, ihre Rückmeldungen direkt umsetzen, bereiteten mir viel Freude. Außerdem fand ich die Planung und Realisierung der barrierefreien Internetseite sehr interessant und lehrreich: Im Vorfeld war mir nicht bewusst, wie viele Details bei einer solchen Arbeit bedacht werden müssen und wie schwierig sich die technische Umsetzung teilweise gestalten kann.

Das Ziel dieses Projektes ist, die Benutzergruppe von *postrohr* zu erweitern und andere Schulen, auch außerhalb Baden-Württembergs, einzubeziehen. Weiterhin denke ich daran, zusätzliche Funktionen wie einen Chat, Freundschaftslisten oder die Internettelefonie-Plattform Skype in *postrohr* zu integrieren. Bei allen denkbaren Erweiterungen ist allerdings stets darauf zu achten, dass die Seite überschaubar und klar strukturiert bleibt und das ursprüngliche Ziel nicht in Frage gestellt wird. Dies könnte in der Weise umgesetzt werden, dass es eine Version „*postrohr* für Anfänger/Einsteiger" und eine erweiterte für geübte Nutzer und Fortgeschrittene geben wird.

## 7.0　Fazit

Der Computer ist als Lehr- und Lernmittel in der Schule für Körperbehinderte nicht mehr wegzudenken. Er ist eines der technischen Hilfsmittel, das sich am besten auf die besonderen Bedürfnisse der körperbehinderten Schüler anpassen lässt und durch dessen Einsatz sich die Folgen bzw. Auswirkungen einer Behinderung teilweise kompensieren lassen. Sowohl bei motorischen als auch kognitiven Einschränkungen erweist sich der Computer als geeignetes Hilfsmittel, weil er durch die Vielzahl unterschiedlicher Funktionen und hinsichtlich der Vielfalt der Software und den Ansteuerungsmöglichkeiten individuell an die Bedürfnisse des Schülers angepasst werden kann.

Schon bei der methodisch-didaktischen Vorbereitung des Unterrichts muss die ergonomische Gestaltung des Arbeitsplatzes besondere Berücksichtigung finden. Durch seine Vielzahl an Einsatzmöglichkeiten erweitert der Computer das Handlungspotential des Lehrers und eröffnet neue Wege im Unterricht. Wird der Computer als Lernmittel eingesetzt, muss dies im Rahmen eines unterrichtlichen Gesamtkonzeptes erfolgen. Danach werden die Übungsprogramme ausgewählt, die der Schüler bearbeiten soll. Die Lehrkraft muss sich mit den Programmen auskennen, um dem Schüler bei der Anleitung und bei aufkommenden Fragen helfend zur Seite stehen zu können.

Führt die Förderung eines Schülers durch den PC nicht zum gewünschten Erfolg, müssen andere Lern- bzw. Hilfsmittel eingesetzt werden, um den Schüler angemessen und erfolgreich fördern zu können. Darüber hinaus gilt es, bestimmte Voraussetzungen und Rahmenbedingungen beim Einsatz des Computers zu beachten. Deshalb kommt es beim Einsatz dieses Hilfsmittels entscheidend über die Art und Weise an, wie der Lehrer den Einsatz und die Funktionen erklärt und wie er sich in seiner Mentorenfunktion verhält. Ein sprach-und sprechunterstützendes Hilfsmittel darf auf keinen Fall dazu eingesetzt werden, die Kommunikation von Lehrer und Schüler zu ersetzen.

Viele Schüler der Schule für Körperbehinderte sind zu einer lautsprachlichen Kommunikation nicht fähig und können ihre Bedürfnisse, Absichten, Gefühle und Meinungen usw. nicht in sprachlicher Form zum Ausdruck bringen. In verschiedenen Situationen können sie sich nicht so verhalten oder verständlich machen wie es nichtbehinderte Menschen erwarten. Resignation oder Frustration sind mögliche Folgen dieser sprachlichen Beeinträchtigung. Neben nicht-elektronischen Hilfsmitteln kommt auch hier der Computer zum Einsatz und ermöglicht Kommunikation trotz Sprechunfähigkeit. Auch schwer körperbehinderten

Schülern eröffnen sich, durch individuell angepasste Adaptionen, zahlreiche Möglichkeiten, lautsprachlich zu kommunizieren, so dass sie aktiver am Unterricht teilnehmen können.

Ein Gesichtspunkt von überragender Bedeutung ist der Zusammenhang zwischen Kommunikation und sozialer und beruflicher Teilhabe, denn ohne Kommunikation kann Teilhabe nicht stattfinden. Die Bedeutung des Computers lässt sich ermessen, wenn man bedenkt, dass er im Idealfall dazu beitragen kann, sprech- und sprachbeeinträchtigten Menschen zu einer lautsprachlichen Kommunikation zu verhelfen.

In der modernen Gesellschaft spielt das Internet für die berufliche und soziale Teilhabe eine große Rolle, denn es eröffnet körperbehinderten Menschen nicht nur neue Wege der Kommunikation mit der Umwelt, sondern bietet ihnen, gerade im Bereich der IT-Berufe viele neue Beschäftigungsmöglichkeiten. Voraussetzung für die Möglichkeit, körperbehinderten Schülern bessere Teilhabechancen durch das Medium Computer zu eröffnen, ist die barrierefreie Gestaltung des Internetzugangs. So können körperbehinderte Schüler, wie nicht behinderte Schüler auch, das Internet aus verschiedensten Interessen nutzten, unter anderem auch dazu, um untereinander in der Freizeit und nach der Schulzeit in Kontakt zu bleiben, was auch dazu beiträgt, ihre kommunikativen Kompetenzen zu erweitern und soziale Kontakte zu pflegen.

Durch *postrohr* versuchte ich, den Zugang zu diesem Anwendungsbereich des PCs körperbehinderten Menschen zu ermöglichen und für sie nutzbar zu machen. Bei Schülern wurde insbesondere die Möglichkeit erprobt, durch die Erweiterung der kommunikativen Kompetenzen, die Teilnahme am Unterricht zu erleichtern und den Aufbau und die Pflege von Sozialkontakten während der Schulzeit und in der Freizeit zu ermöglichen. Die Webseite kann somit zur sozialen Integration behinderter Menschen beitragen und ist damit ein Versuch, der Isolation, von der vor allem körperbehinderte Menschen bedroht sind, entgegenzuwirken, denn Kommunikation ist ein Vehikel der Teilhabe.

Die Planung und Gestaltung von *postrohr* hat mich vor neue, interessante pädagogische Herausforderungen gestellt. Ich konnte viele neue Aspekte in der Förderung von Menschen mit einer Körperbehinderung entdecken und tiefgreifende Einblicke in die Bedürfnisse dieser Menschen gewinnen. Für die Zukunft wünsche ich mir, dass das Projekt sich genauso gut fortentwickelt wie es begonnen hat. Das umfangreiche, überwiegend positive Feedback zu *postrohr,* auch seitens der Eltern der Schüler, gab mir viele Denkanstöße und bestärkte mich darin, dieses Projekt weiterzuentwickeln und *postrohr* einer erweiterten Zielgruppe bekannt und vertraut zu machen.

„Die ganze Kunst der Sprache besteht darin, verstanden zu werden", dieser Satz von Konfuzius beschreibt treffend die Absicht, die ich mit diesem Projekt verfolgt habe. Wie kann es unter Einsatz geeigneter technischer Hilfsmittel gelingen, Menschen, die sich sprachlich nicht oder nur schwer äußern können, zu unterstützen, dass sie uns besser verstehen können und vor allem, dass wir sie besser verstehen lernen?

Versetzt man sich in die Lage eines Menschen, der über Sprache verfügt (passive Sprache), sich aber aus sprechmotorischen Gründen nicht äußern kann, also auch nicht verstanden wird, so kann man die Tragweite einer solchen Behinderung erahnen. Über Kompetenzen zu verfügen, sie aber aus unüberwindlichen Gründen nicht anwenden und einsetzen zu können, macht den Betroffenen die eigene Behinderung so dramatisch deutlich. Dieses „sich nicht mitteilen können" wird auch bei manchen Menschen mit autistischem Syndrom, also ohne sprechmotorische Einschränkungen, besonders deutlich. Von niemandem im sozialen Umfeld verstanden zu werden, stellt eine gravierende Behinderung und Einschränkung des Betroffenen als Mitglied der Gesellschaft dar.

Seit der Ratifizierung der UN-Konvention über die Rechte behinderter Menschen (1999) ist es erklärtes Ziel dieser Länder, Inklusion schrittweise umzusetzen. Auch die Bundesregierung hat einen Aktionsplan erstellt und sich entsprechende Ziele gesetzt. Da der Begriff „Inclusion" unterschiedlich übersetzt und interpretiert wird, habe ich in dieser Arbeit den ebenfalls gängigen und verständlichen Begriff der Teilhabe verwendet. Artikel 24 und Artikel 27 der Konvention, die auch in einfacher Sprache im Internet zur Verfügung steht, beschreiben die Maßnahmen zur schulischen und beruflichen Teilhabe.

Nicht nur in diesen Aussagen kommen den kommunikativen Kompetenzen eine entscheidende Bedeutung zu. Wenn man an die Anforderungsprofile, die in den verschiedenen Berufsfeldern verlangt werden, denkt, so stehen Teamfähigkeit und Kommunikationsfähigkeit an entscheidender Stelle. Gesellschaftliche und berufliche Teilhabe oder gar Übernahme von Verantwortung ist ohne Kommunikation undenkbar.

Was die soziale Interaktion betrifft, kommt kommunikativen Fähigkeiten ebenfalls eine hohe Bedeutung zu. Denken wir an die sprachliche Zuwendung schon bei Säuglingen, die vielen Koseworte und Lautmalereien, mit der die Sprachentwicklung bei Kleinkindern gefördert und unterstützt wird. Hier kommt es nicht so sehr auf den semantischen Gehalt der Sprache an, sondern ganz wesentlich auf die Intonation, also auf den emotionalen Gehalt der Lautäußerungen.

Man kann die Bedeutung der Sprache für das Menschsein nur erahnen. Die schrecklichen Folgen der Erziehung von Kindern ohne jegliche Kommunikation, die Auswirkungen von Isolationshaft auf Strafgefangene und andere Beispiele zeigen uns auf, wie existentiell wichtig Sprache für den Menschen ist. Die Werke bedeutender Dichter und Schriftsteller und die Reden bedeutender Politiker belegen die Kraft und die Macht der Sprache und deren Funktion als Vehikel für Gedanken, Ideen und Träume.

Menschen, die aus verschiedenen Ursachen in der Aneignung und im Gebrauch und Verständnis von Sprache Einschränkungen haben, mit dem Hilfsmittel Computer zu unterstützen, ihre kommunikativen Kompetenzen zu erweitern und ihre sozialen und beruflichen Teilhabechancen zu verbreitern, war mein Ziel in diesem Projekt.

# 8.0 Quellenangaben

- ACE Centre Advisory Trust (2009): ACE Centre. SAW 5. 24.11.2008; http://ace-centre.hostinguk.com/index.cfm?pageid=2926A897-3048-7290-FED02B6A24887F44 [eingesehen am 01. Januar 2012]

- Biermann, Adrienne (2005): Zentrum für Unterstützte Kommunikation: Gestützte Kommunikation – Facilitated Communication. http://www.fc-zentrum.ch/artikel/46/46%20Biermann.pdf [eingesehen am 14. Januar 2012]

- Bliemel, Friedhelm; Kotler, Philip (2006): TEIA AG- Internet Akademie und Lehrbuch Verlag: Grundmodell des Kommunikationsprozesses. 07.01.2007; http://www.teialehrbuch.de/Kostenlose-Kurse/Marketing/15299-Grundmodell-des-Kommunikationsprozesses.html [eingesehen am 15. Dezember 2011]

- Bonfranchi, Riccardo (1992): Computer-Didaktik in der Sonderpädagogik. Biel: Druckerei Schüler AG

- Braun, Ursula (1994): Unterstützte Kommunikation bei körperbehinderten Menschen mit schwerer Dysarthrie. Eine Studie zur Effektivität tragbarer Sprachcomputer im Vergleich zu Kommunikationstafeln. Frankfurt am Main: Peter Lang GmbH

- Brown, Christy; Gescher, Leonharda (1990): Mein linker Fuss. Lebensbericht eines zerebral gelähmten Menschen. Berlin: Scherz

- Bundesministerium der Justiz (2012): Juris - das Rechtsportal. Art 3. http://www.gesetze-im-internet.de/gg/art_3.html [eingesehen am 8. Januar 2012]

- Crickmay, Marie (1976): Sprachtherapie bei Kindern mit zerebralen Bewegungsstörungen auf der Grundlage der Behandlung nach Bobath. Berlin: Wissenschaftlicher Verlag Spiess

- Dittler, Ulrich; Hoyer, Michael (Hrsg.) (2008): Aufwachsen in virtuellen Medienwelten. Chancen und Gefahren digitaler Medien aus medienpsychologischer und medienpädagogischer Perspektive. Bobingen: Kessler Druck

- Fröhlich, Andreas (Hrsg.) (2005): Wahrnehmungsstörungen und Wahrnehmungsförderung. Heidelberg: Universitätsverlag Winter

- Gbur, Catherine; Stadler, Rainer; Landesinstitut für Erziehung und Unterricht Stuttgart (Hrsg.) (1998): Computereinsatz bei Schülerinnen und Schülern mit Körperbehinderung. Eine Standortbestimmung. Stuttgart: Klaus Zuckermann

- Hameyer, Uwe (Hrsg.) (1987): Computer an Sonderschulen. Einsatz neuer Informationstechnologien. Weinheim und Basel: Beltz Verlag

- Heise online (2010): Studie: Internet ist für Jugendliche wichtiges Leitmedium. 09.09.2010; http://heise.de/-1075812 [eingesehen am 17. Januar 2012]

- Heubrock, Dietmar; Petermann, Franz (2000): Neuropsychologische Grundlagen der Entwicklungsstörungen. In: Franz Petermann u.a. (Hrsg.): Risiken in der frühkindlichen Entwicklung. Entwicklungspsychopatologie der ersten Lebensjahre. Göttingen: Hogrefe

- Hojas, René (2004): Barrierefreies Webdesign. Ein zugängliches und nutzbares Internet gestalten (Hrsg.): Barrierefreie Gestaltung multimedialer Inhalte mittels SMIL 2.0 in der Theorie und anhand eines Beispiels. http://www.barrierefreies-webdesign.de/spezial/multimediale-inhalte/behinderung-und-internet.html [eingesehen am 19. Dezember 2011]

- Huber, Franz; Staatsinstitut für Schulpädagogik und Bildungsforschung (Hrsg.) (1990): Computer helfen lernen. Ergebnisse und Perspektiven eines Modellversuchs an der Schule für Körperbehinderte. München: Alfred Hintermaier

- INCAP GmbH: Elektronische Hilfsmittel für Menschen mit Behinderung. http://www.incap.de/index.php?article_id=80 [eingesehen am 26. Dezember 2011]

- Lamers, Wolfgang (1999): Computer- und Informationstechnologie – Geistigbehindertenpädagogische Perspektiven. Düsseldorf: Verlag Selbstbestimmtes Leben

- Lelgemann, Reinhard; Kuckartz, Norbert; Fachverband für Behindertenpädagogik Landesverband Nordrhein-Westfalen e.V. (Hrsg.) (2003): Körperbehindertenpädagogik. Praxis und Perspektiven. Glasbeck: D&G Druck

- Leyendecker, Christoph; Horstmann, Tortis (Hrsg.) (2000): Geschädigte Körper, behindertes Selbst oder: „In erster Linie bin ich Mensch". In: Kallenbach, Kurt (Hrsg.):

Körperbehinderungen. Schädigungsaspekte, psychosoziale Auswirkungen und pädagogisch-rehabilitative Maßnahmen. Bad Heilbrunn: Klinkhardt

- Mayer, Horst Otto (2009): Interview und schriftliche Befragung. Entwicklung, Durchführung und Auswertung. München, Wien: Oldenbourg Verlag

- Melzer, Martin (1987): Möglichkeiten und Chancen computerunterstützten Lernens in der Sonderschule für Lernbehinderte. Dissertation Tübingen 1987.

- Michaelis, Elke; Lieb, Oliver (Hrsg.) (2006): ausdrucksstark. Modelle zur aktiven Medienarbeit mit Heranwachsenden mit Behinderung. Bobingen: Kessler Druck

- Ministerium für Kultus, Jugend und Sport Baden Württemberg (Hrsg.) (2004): Schule für Körperbehinderte. Leitlinien zur schulischen Förderung. Stuttgart

- Nunner-Winkler, Gertrud (1990): Computernutzung durch Behinderte: Auswirkungen auf Lernfähigkeit und Identitätsbildung. Referat anlässlich der ELEKOK-Abschlusstagung 1990 in Kempten

- Prentke Romrich Deutschland (2011a): Kommunikation ohne Grenzen. http://www.prentke-romich.de/149-0-ablenet-jellybean.html [eingesehen am 28. Dezember 2011]

- Prentke Romrich Deutschland (2011b): Minspeak. Prentke Romrich Deutschland (2011b): Minspeak. http://prentke-romich.de/181-0-minspeak.html [eingesehen am 30. Dezember 2011]

- Reichert, Jörg (2003): Zur kognitiven und sozial-emotionalen Entwicklung körperbehinderter Kinder. Eine Entwicklungsverlaufskontrolle. Hamburg: Dr. Kovac

- Sarimski, Klaus (1986): Interaktion mit behinderten Kleinkindern. Entwicklung und Störung früher Interaktionsprozesse. München: Ernst Reinhardt Verlag

- Schelhowe, Heidi (2007): Technologie, Imagination und Lernen. Grundlagen für Bildungsprozesse mit Digitalen Medien. Göttingen: Hubert & Co.

- Schmeller, Franz; KVJS (Hrsg.) (2011): VN-Behindertenrechtkonvention und Nationaler Aktionsplan der Bundesregierung. Eine Übersicht zum aktuellen Stand.

http://www.kvjs.de/fileadmin/dateien/soziales-mitglieder/tagung/2011-w21/aktionsplan-schmeller.pdf [eingesehen am 8. Januar 2012)

- Schmitz, Christian (2002): Einfach für Alle. Initiative der Aktion Mensch für ein barrierefreies Internet (Hrsg.): Ein Netz voller Scheren, Barrieren und Chancen. 18.01.2002; http://www.einfach-fuer-alle.de/artikel/barrieren [eingesehen am 24. November 2011]

- Schmitz, Gudrun (1990): Computer an der Schule für Geistigbehinderte – brauchen wir sie? In: Ziegenspeck, Jörg (Hrsg.): Zeitschrift für Heilpädagogik, 10 1990. Verband Deutscher Sonderschulen

- Schumann, Brigitte (2009): bildungsklick (Hrsg.): Inklusion: eine Verpflichtung zum Systemwechsel. Deutsche Schulverhältnisse auf dem Prüfstand des Völkerrechts. http://bildungsklick.de/a/67548/inklusion-eine-verpflichtung-zum-systemwechsel [eingesehen am 7.Januar 2012]

- Shane, Howard (1986): Goals and Uses. In: Blackstone, Sarah (1968) (Hrsg.): Augmentative Communication. An introduction. Rockville (Maryland): American Speech-Language-Hearing Association

- Speck, Otto (1987): Geistige Behinderung und Erziehung. München: Reinhardt

- Stadler, Horst (2000): Körperbehinderungen. In. Borchert, Johann (Hrsg.): Handbuch der sonderpädagogischen Psychologie. Göttingen: Hogrefe

- Störmer, Thomas (1993): Der Einsatz des Computers an der Schule für Körperbehinderte. Frankfurt am Main: Peter Lang GmbH

- Thiele, Annett (2007): Schriftspracherwerb unterstützt kommunizierender Menschen mit Infantiler Cerebralparese. Eine qualitativ-empirische Studie zur Qualitätsentwicklung pädagogischer Förderung. Kempten: Verlag Julius Klinkhardt

- Wolfgart, Hans (Hrsg.) (1972): Technische Hilfen im Unterricht bei Körperbehinderten. Neuburgweier: Schindele Verlag GmbH

- Zink, Christoph (1990): Pschyrembel. Klinisches Wörterbuch. Berlin/New York: Walter de Gruyter